ÜLIMATSED GRILLSALATID

Avastage roheliste grillimise kunst 100 loomingulise retseptiga

Malle Raudsepp

Autoriõigus materjal ©2024

Kõik õigused kaitstud

Ühtegi selle raamatu osa ei tohi mingil kujul ega vahenditega kasutada ega edastada ilma kirjastaja ja autoriõiguse omaniku nõuetekohase kirjaliku nõusolekuta, välja arvatud ülevaates kasutatud lühikesed tsitaadid. Seda raamatut ei tohiks pidada meditsiiniliste, juriidiliste või muude professionaalsete nõuannete asendajaks.

SISUKORD

SISUKORD 3
SISSEJUHATUS 6
GRILLID KÖÖGIVESALATID 8
   1. GRILL-SIDE AIA SALAT 9
   2. SÖEL GRILLITUD SHIITAKES SALAT 11
   3. PRUUN RIIS JA GRILLITUD KÖÖGIVILJAD 13
   4. AVOKAADO JA WEHANI RIISI SALAT 15
   5. RUKOLA JA GRILLITUD KÖÖGIVILJASALAT 17
   6. GRILLITUD SQUASH JA SUVIKÕRVITS 19
   7. GRILLITUD ACORN SQUASH JA SPARGEL 21
   8. GRILLITUD SPARGEL JA TOMATID 23
   9. GRILLITUD BAKLAŽAAN JA HALLOUMI SALAT 25
   10. GRILLITUD KÖÖGIVILJADE JA HALLOUMI KINOAKAUSS 27
   11. GRILLITUD PORTOBELLO SEENTE JA SPINATI SALAT 29
GRILLI KAUNBILJADE JA TERJASALATID 31
   12. GRILLITUD KÖÖGIVILJADE JA KUSKUSSI SALAT 32
   13. GRILLITUD MAISI SALAT 34
   14. GRILLITUD KONFETTI KÖÖGIVILJAD 36
   15. GRILLITUD KÖÖGIVILJA- JA KIKERHERNESALAT 38
   16. GRILLITUD PORTOBELLO SEENE JA KINOA SALAT 40
   17. GRILLITUD MAISI JA MUSTA OA SALAT 42
   18. GRILLITUD KÖÖGIVILJA- JA LÄÄTSESALAT KINOAGA 44
   19. GRILLITUD KIKERHERNE JA KUSKUSSI SALAT 46
   20. TOFU JA PRUUNI RIISI SALAT EDAMAMEGA 48
   21. KÖÖGIVILJA- JA FARRO SALAT VALGETE UBADEGA 50
   22. GRILLITUD KIKERHERNE JA BULGURI SALAT 52
   23. LÄÄTSE- JA ODRASALAT RÖSTITUD KÖÖGIVILJADEGA 54
GRILLI PUUVILJASALATID 56
   24. GRILLITUD PIRNI JA SINIHALLITUSJUUSTU SALAT 57
   25. GRILLITUD ARBUUSISALAT 59
   26. GRILLITUD VIRSIKU JA RUKOLA SALAT 61
   27. GRILLITUD ANANASSI JA AVOKAADO SALAT 63
   28. GRILLITUD KIVIPUUVILJADE SALAT 65
   29. GRILLITUD VIRSIKU JA PROSCIUTTO SALAT 67
   30. GRILLITUD ANANASSI JA KREVETTIDE SALAT 69
   31. GRILLITUD VIIGIMARJA- JA HALLOUMI SALAT 71
   32. GRILLITUD MANGO KASTE 73

33. Grillitud puuviljavaagen 75
34. Grillitud karri värsked puuviljad 77
35. Mango tšau 79
36. Grillitud õuna- ja kitsejuustu salat 81
37. Grillitud maasika ja spinati salat 83
38. Grillitud tsitrusviljade salat 85

GRILLI VEISE/SEALHA/LAALISALALATID 87
39. Grillitud veiseliha prosciutto salat 88
40. Grillitud lambaliha ja Lima oa salat 91
41. T-bone Tostada salat 93
42. Veiseliha lok lak 95
43. Grillitud steigi salat balsamico vinegretiga 98
44. Grillitud sea sisefilee salat mangokastega 100
45. Grillitud lambaliha salat kreeka jogurtikastmega .. 102
46. Grillitud veiseliha salat Chimichurri kastmega 104
47. Grillitud praad ja tomatisalat 106
48. Grillitud sea sisefilee ja virsiku salat 108
49. Grillitud lambaliha ja kuskussi salat 110
50. Grillitud veiseliha kabob ja kreeka salat 112

GRILLI LINNULIHASALATID 114
51. Tšilli grillitud Kariibi salat 115
52. Õun Mangosalat grillkanaga 118
53. Grillitud kana ja uus kartul 120
54. Grillitud kana ja kikerhernesalat 122
55. Grillitud kalkuni- ja jõhvikakinoasalat 124
56. Grillitud kana Caesari salat 126
57. Grillitud pardirinna- ja marjasalat 128
58. Grillitud sidruniürdi kana ja kuskussi salat 130
59. Grillitud kalkuni- ja jõhvikasalat 132
60. Grillitud pardi ja apelsini salat 134
61. Grillitud sidruniürdi kanasalat 136

GRILLI PASTA SALATID 138
62. Grillitud Veggie Fusilli pastasalat 139
63. Grillitud köögivilja- ja pestopasta salat 141
64. Grillitud kana Caesari pasta salat 143
65. Grillitud krevettide ja avokaado pasta salat 145
66. Grillitud suvine köögivilja- ja fetapasta salat 147
67. Grillitud maisi ja musta oa pasta salat 149
68. Grillitud kana ja pesto tortellini salat 151
69. Grillitud köögivilja- ja feta-orzo salat 153
70. Grillitud tofu ja seesami nuudli salat 155
71. Grillitud mõõkkala ja orzo salat 157
72. Grillitud kammkarbi ja sparglipasta salat 159

GRILLI KALA JA MEREANDIDE SALATID 161

73. GRILLITUD ESTRAGONI TUUNIKALA SALAT 162
74. GRILLITUD TUUNIKALA NICOISE SALAT 164
75. LEHTSALATI JA GRILLITUD TUUNIKALASALAT 166
76. PASTA SALAT GRILLITUD TUUNIKALA JA TOMATITEGA 168
77. GRILLITUD LÕHESALAT SIDRUNI-TILLI KASTMEGA 170
78. GRILLITUD KREVETTIDE CAESARI SALAT 172
79. GRILLITUD KAMMKARBI JA AVOKAADO SALAT 174
80. GRILLITUD MÕÕKKALA JA VAHEMERE SALAT 176
81. GRILLITUD TUUNIKALASALAT MANGOKASTEGA 178
82. GRILLITUD HIIDLESTI SALAT TSITRUSELISE VINEGRETIGA 180
83. GRILLITUD MEREANDIDE SALAT 182

GRILLJUUST JA PIIMASALATID 184

84. GRILLITUD HALLOUMI SALAT KÖÖGIVILJADEGA 185
85. GRILLITUD VIRSIKU JA BURRATA SALAT 187
86. GRILLITUD KÖÖGIVILJA- JA FETAJUUSTU SALAT 189
87. GRILLITUD PANEER JA MANGO SALAT 191
88. GRILLITUD KITSEJUUSTU JA PEEDISALAT 193
89. GRILLITUD SINIHALLITUSJUUSTU JA PIRNI SALAT 195
90. GRILLITUD RICOTTA JA TOMATI SALAT 197
91. GRILLITUD MOZZARELLA JA BAKLAŽAANI SALAT 199

GRILLI TOFU JA TAIMSALATID 201

92. GRILLITUD SIDRUNI-BASIILIKU TOFU SALAT 202
93. GRILLITUD TOFU JA KÖÖGIVILJA KINOA SALAT 204
94. PORTOBELLO SEENE JA HALLOUMI SALAT 206
95. GRILLITUD KÖÖGIVILJADE JA KUSKUSSI SALAT KOOS TOFU 208
96. GRILLITUD TOFU JA AVOKAADO SALAT 210
97. KÖÖGIVILJA JA TOFU SALAT MISO KASTMEGA 212
98. GRILLITUD HALLOUMI JA ARBUUSI SALAT 214
99. GRILLITUD TOFU JA SUVINE KÖÖGIVILJASALAT 216
100. GRILLITUD KÖÖGIVILJA- JA KITSEJUUSTU SALAT 218

KOKKUVÕTE 220

SISSEJUHATUS

Kulinaariamaailmas on grillikunsti pikka aega austatud selle poolest, et see suudab roogadele imbuda rikkaliku suitsuse maitsega, millele pole võrreldav ühegi teise toiduvalmistamismeetodiga. Traditsiooniliselt on see tehnika reserveeritud liha, linnuliha ja mereandide jaoks, kusjuures köögiviljad on sageli taandatud toetavasse rolli. Kuid kulinaarne maastik areneb pidevalt ja sellega kaasneb uuenduslik lähenemine grillimisele, mis seab rohelised ja köögiviljad esikohale. "Ülimatsed Grillsalatid" on selle evolutsiooni tunnistus, pakkudes põhjalikku juhendit, kuidas muuta tavalised salatid grillimise võlu abil erakordseks kulinaarseks loominguks.

See raamat on midagi enamat kui lihtsalt retseptide kogum; see on teekond grillimise südamesse, uurides lugematuid viise, kuidas lihtne lahtisel leegil küpsetamine võib tõsta tagasihoidliku salati uutesse kõrgustesse. Grillitud Rooma maitse kargetest söestunud servadest kuni söestunud maisi ja paprika suitsuse magususeni – " Ülimatsed Grillsalatid " kutsub teid uuesti ette kujutama, milline võib olla salat. See seab kahtluse alla tavapärase tarkuse, et salatid on pelgalt eelroad või lisandid, esitledes neid hoopis vääriliste pearoogadena, mis rahuldavad ka kõige nõudlikuma maitse.

Selle kulinaarse uurimise keskmes on pühendumus värskusele, maitsele ja uuenduslikkusele. Iga raamatu retsept on hoolikalt koostatud, et näidata selle koostisosa loomulikku ilu ja maitset, mida täiustab ainulaadne maitseprofiil, mida saab pakkuda ainult grillimine. Olenemata sellest, kas olete kogenud grillmeister või õpihimuline algaja, see raamat pakub igaühele midagi. See sisaldab üksikasjalikke juhiseid grillimistehnikate kohta, alates õige grillitüübi valimisest kuni täiusliku söe meisterdamiseni, tagades, et lugejad saavad selle lehtedel iga retseptiga julgelt tegeleda.

Lisaks tähistab " Ülimatsed Grillsalatid " mitmekesisust, mis sisaldab retsepte, mis ammutavad inspiratsiooni paljudest köökidest ja kultuuridest. See globaalne perspektiiv mitte ainult ei rikasta raamatu kulinaarset repertuaari, vaid peegeldab ka grillimise universaalset võlu. Selle lehtede kaudu alustavad lugejad gastronoomilist ringkäiku, mis hõlmab kontinente, proovides grillsalateid, mis sisaldavad Vahemere, Aasia, Ameerika ja mujalt pärit maitseid. See eklektiline kollektsioon rõhutab grillitud roheliste mitmekülgsust, tõestades, et need võivad olla lõuendiks piiramatu hulga maitsete ja tekstuuride jaoks.

GRILLID KÖÖGIVESALATID

1.Grill-Side Aia salat

KOOSTISOSAD:
- 2 mõõdukat s Tomatid, seemnete ja kuubikutega
- 1 mõõdukas suvikõrvits, tükeldatud
- 1 tass külmutatud terve tuuma, sulatatud
- 1 väike küps avokaado, kooritud, seemnetest puhastatud ja jämedalt tükeldatud
- ⅓ tassi õhukeselt Segmenteeritud ülaosaga rohelist sibulat
- ⅓ tassi Pace Picante kastet
- 2 spl Taimeõli
- 2 supilusikatäit kuubikuteks lõigatud värsket koriandrit või peterselli
- 1 spl sidruni- või laimimahla
- ¾ tl küüslaugu soola
- ¼ teelusikatäit jahvatatud köömneid

JUHISED:
a) Sega suures tassis tomatid, suvikõrvits, mais, avokaado ja roheline sibul. Segage ülejäänud koostisosad; sega hästi. Vala peale köögiviljasegu; sega õrnalt. Jahuta 3-4 tundi, aeg-ajalt õrnalt segades.
b) Sega õrnalt ja serveeri jahutatult või toatemperatuuril koos täiendava Pace Picante kastmega.

2.Söel grillitud Shiitakes salat

KOOSTISOSAD:
- 8 untsi Shiitakes
- 1 spl Oliiviõli
- 1 supilusikatäis Tamari
- 1 spl küüslauk, purustatud
- 1 tl rosmariini, hakitud
- Sool ja must pipar
- 1 tl vahtrasiirup
- 1 tl seesamiõli
- Edamame

JUHISED:
a) Loputage seened. Võtke varred välja ja visake ära. Sega seened ülejäänud koostisosadega ja marineeri 5 minutit. Grilli mütsid sütel, kuni need on kergelt kõrbenud.
b) Kaunista Edamamega.

3.Pruun riis ja grillitud köögiviljad

KOOSTISOSAD:
- 1½ tassi pruuni riisi
- 4 suvikõrvitsat, pikuti pooleks
- 1 suur punane sibul, lõigatud risti 3 paksuks osaks
- ¼ tassi oliiviõli, pluss...
- ⅓ tassi oliiviõli
- 5 supilusikatäit sojakastet
- 3 spl Worcestershire'i kastet
- 1½ tassi Mesquite'i puiduhakke, mis on leotatud 1 tund külmas vees (valikuline)
- 2 tassi värskeid maisiterad
- ⅔ tassi värsket apelsinimahla
- 1 spl Värske sidrunimahl
- ½ tassi kuubikuteks lõigatud Itaalia petersell

JUHISED:
a) Keeda riisi suures potis soolaga maitsestatud vees, kuni see on pehme, umbes 30 minutit
b) Nõruta hästi. Lase jahtuda toatemperatuurini.
c) Segage ¼ tassi õli, 2 spl sojakastet ja 2 spl Worcestershire'i kastet; vala madalasse vormi suvikõrvitsa- ja sibulalõikudele. Laske 30 minutit marineerida, keerates selle aja jooksul köögivilju üks kord ümber.
d) Valmis grill (mõõdukas -kõrge kuumus). Kui söed muutuvad valgeks, tühjendage meskviitlaastud (kui kasutate) ja puistake söe peale. Kui krõpsud hakkavad suitsema, asetage sibul ja suvikõrvits grillile, maitsestage soola ja pipraga
e) Katke ja küpseta kuni pehme ja pruunikas (umbes 8 minutit), aeg-ajalt keerates ja soolveega pintseldades. Võtke köögiviljad grillilt välja.
f) Lõika sibulatükid neljandikku ja suvikõrvits 1-tollisteks tükkideks. Aseta portsjoninõusse koos jahutatud riisi ja maisiga.
g) Klopi kokku apelsinimahl, sidrunimahl, ⅓ tassi õli, 3 spl sojakastet ja 1 sl Worcestershire'i kastet. Valage 1 tass kastet salatile ja segage seguks. Sega juurde petersell ning maitsesta soola ja pipraga.
h) Serveeri salat koos lisakastmega.

4. Avokaado ja Wehani riisi salat

KOOSTISOSAD:
- 1 tass Wehani riisi
- 3 küpset ploomtomatit; külvatud ja kuubikuteks lõigatud
- ¼ tassi kuubikuteks lõigatud punane sibul
- 1 väike jalapeno pipar; külvatud ja kuubikuteks lõigatud
- ¼ tassi peeneks tükeldatud koriandrit
- ¼ tassi ekstra neitsioliiviõli
- 1 spl laimimahla
- ⅛ teelusikatäis selleriseemneid
- Sool ja pipar; maitsta
- 1 küps avokaado
- Segatud beebiroheline

JUHISED:
a) Keeda Wehani riisi vastavalt pakendil olevatele juhistele
b) Laota ahjuplaadile jahtuma.
c) Suures tassis segage riis tomatite, punase sibula, jalapeno pipra ja koriandriga. Lisa ekstra neitsioliiviõli, laimimahl ja selleriseemned. Maitsesta soola ja pipraga
d) Serveerimiseks koori ja tükelda avokaado. Asetage segmendid segatud beebiroheliste peale.
e) Lusikas Wehani riisisalat avokaadodele. Soovi korral kaunista grillitud köögiviljadega.

5.Rukola ja grillitud köögiviljasalat

KOOSTISOSAD:
- 1½ tassi oliivõli
- ¼ tassi sidrunimahla
- ¼ tassi palsamiäädikat
- ¼ tassi värskeid ürte; võrdsetes osades peterselli, rosmariini, salvei, tüümiani ja pune
- 4 tilka Tabasco kastet
- Sool & pipar maitse järgi
- 2 punast paprikat; pooleks
- 3 ploomtomatit; pooleks
- 2 mõõdukat s Punast sibulat
- 1 väike baklažaan; Segmenteeritud 1/2" paksusega
- 10 nööbi seeni
- 10 väikest punast kartulit; keedetud
- ⅓ tassi oliivõli
- Sool & pipar maitse järgi
- 3 kimp rukola; pestud & kuivatatud
- 1 nael mozzarellat; õhukeselt Segmenteeritud
- 1 tass must oliiv; aukudega

JUHISED:
a) Mõõdukas roas segage oliivõli, sidrunimahl, äädikas, ürdid, Tabasco kaste ning sool ja pipar ; siis klopi korralikult läbi. Kõrvale panema.
b) Asetage paprika, tomatid, sibul, baklažaan, seened ja kartulid väga suurde tassi. Lisage oliivõli, sool ja pipar; seejärel sega korralikult läbi, et köögiviljad õliga kattuksid.
c) Grillige köögivilju mõõdukal kuumal tulel, kuni need on hästi pruunistunud, 4–6 minutit mõlemalt poolt. Võtke grillilt välja ja niipea, kui see on käsitsemiseks piisavalt jahtunud, lõigake hammustuse suurusteks tükkideks.
d) Tee rukolast voodi suurele madalale vaagnale. Laota grillitud köögiviljad rukola peale, tõsta peale mozzarella ja oliivid ning serveeri koos kastmega.

6.Grillitud squash ja suvikõrvits

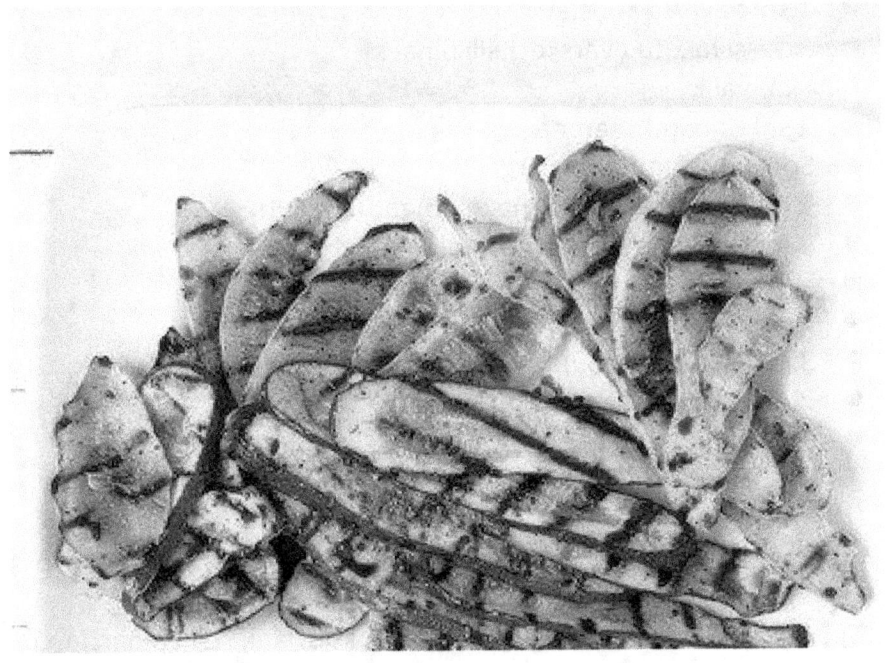

KOOSTISOSAD:
- ¼ tassi oliiviõli
- 1 spl hakitud küüslauk
- ¼ tassi hakitud värsket tšillipipart
- Sinu valik
- 2 spl Comino seemet
- Sool ja pipar maitse järgi
- 2 mõõdukat s suvikõrvitsat, lõigatud pikuti
- 2 mõõdukat s Suvikõrvits, lõigatud
- ¼ tassi oliiviõli
- ⅓ tassi värsket laimimahla
- 3 supilusikatäit mett
- ¼ tassi Värsket koriandrit jämedalt tükeldatud
- Sool ja pipar maitse järgi

JUHISED:
a) Valmistage kaste: vahustage väikeses tassis kõik koostisosad ja asetage kõrvale.

b) Mõõdukas roogis segage oliiviõli, küüslauk, tšillipipar ja comino seemned ning segage hästi . Lisa kõrvitsa- ja suvikõrvitsaplaadid ning sega korralikult läbi, et kõrvitsad oleksid seguga täielikult kaetud.

c) Asetage kõrvitsad grillile mõõdukalt kuumale tulele ja küpsetage mõlemalt poolt umbes 3 minutit või kuni need on hästi pruunid. Võtke kõrvitsad grillilt välja, asetage vaagnale, piserdage kastmega ja serveerige.

7.Grillitud Acorn Squash ja spargel

KOOSTISOSAD:
- 4 Acorn squash
- sool; maitsta
- Pipar; maitsta
- 4 rosmariini oksa
- 4 supilusikatäit sibulat; hakitud
- 4 supilusikatäit seller; hakitud
- 4 spl Porgand; hakitud
- 4 supilusikatäit oliiviõli
- 2 tassi Köögiviljapuljong
- 1 nael kinoa; pestud
- 2 naela Värsked metsaseened
- 2 naela pliiatsi spargel

JUHISED:
a) Hõõru tammetõrukõrvits soola, pipra, õli ja rosmariiniga seest tugevasti üle.
b) Grilli 8 minutit näoga allapoole. Pöörake, asetage rosmariin ja küpseta kaanega 20 minutit.
c) Pane potti sibul, seller, porgand ja 1 spl oliiviõli ning küpseta. Lisa puljong ja kinoa ning kuumuta keemiseni. Kata tihedalt kaanega ja hauta 10 minutit. Avage squash, asetage quinoa segu squashi sisse ja katke. Küpseta veel 10 minutit.
d) Sega seened ja spargel kergelt oliiviõli, soola ja pipraga. Grilli 3 minutit mõlemalt poolt. Serveeri squashit koos kinoa sees ja lase seentel ja sparglil ringi voolata.

8.Grillitud spargel ja tomatid

KOOSTISOSAD:
- 12 untsi spargel, kärbitud
- 6 küpset tomatit, poolitatud
- 3 supilusikatäit oliiviõli
- Sool ja pipar
- 1 küüslauguküüs, hakitud
- 1 spl sinepit
- 3 spl palsamiäädikat
- ⅓ tassi oliiviõli
- Sool ja pipar

JUHISED:
a) Kuumuta grillpann mõõdukal kõrgel kuumusel. Suures tassis sega spargel oliiviõli ning soola ja pipraga. Pintselda tomatid nõusse jäänud oliiviõliga. Grilli spargel ja tomatid eraldi, kuni need on pehmed, kuid ei lagune.
b) Nõus Sega küüslauk, sinep, palsamiäädikas ja oliiviõli vispli või saumikseriga. Maitsesta maitse järgi soola ja pipraga
c) vinegretiga üle pritsitud grillitud köögivilju.

9. Grillitud baklažaan ja Halloumi salat

KOOSTISOSAD:
- 1 suur baklažaan, viilutatud ringideks
- 8 untsi halloumi juustu, viilutatud
- 2 spl oliiviõli
- 2 spl palsamiäädikat
- 2 küüslauguküünt, hakitud
- Sool ja pipar maitse järgi
- Segatud salatiroheline
- Kirsstomatid, poolitatud
- Kalamata oliivid, kivideta

JUHISED:
a) Eelkuumuta grill keskmisele-kõrgele kuumusele.
b) Pintselda baklažaaniviilud ja halloumi juustuviilud mõlemalt poolt oliiviõliga.
c) Grilli baklažaaniviile 3-4 minutit mõlemalt poolt, kuni ilmuvad pehmed ja grillimisjäljed.
d) Grilli halloumi juustu viile 1-2 minutit mõlemalt poolt, kuni need on kergelt kuldsed ja ilmuvad grillimisjäljed.
e) Sega väikeses kausis kokku palsamiäädikas, hakitud küüslauk, sool ja pipar.
f) Laota serveerimisvaagnale segatud salatirohelised. Kõige peale tõsta grillitud baklažaaniviilud, grillitud halloumi juustuviilud, kirsstomatid ja Kalamata oliivid.
g) Nirista salatile balsamico kastet.
h) Serveeri kohe maitsva ja rahuldava grillitud köögiviljasalatina.

10. Grillitud köögiviljade ja halloumi kinoakauss

KOOSTISOSAD:
- 1 tass kinoa, keedetud
- 1 suvikõrvits, pikuti viilutatud
- 1 kollane kõrvits, pikuti viilutatud
- 1 punane sibul, viilutatud ringideks
- 1 punane paprika, seemnetest puhastatud ja neljaks lõigatud
- 1 kollane paprika, seemnetest puhastatud ja neljaks lõigatud
- 8 untsi halloumi juustu, viilutatud
- 2 spl oliiviõli
- Sool ja pipar maitse järgi
- Kreeka jogurti tahini kaste
- Värske petersell, hakitud (kaunistuseks)

JUHISED:
a) Eelkuumuta grill keskmisele-kõrgele kuumusele.
b) Pintselda suvikõrvits, kollane kõrvits, punane sibul, paprika ja halloumi juust oliiviõliga. Maitsesta soola ja pipraga.
c) Grilli köögivilju ja halloumi juustu 3-4 minutit mõlemalt poolt, kuni ilmuvad pehmed ja grillimisjäljed.
d) Tõsta grillilt ja lase veidi jahtuda. Haki köögiviljad ja halloumi hammustuste suurusteks tükkideks.
e) Sega kausis keedetud kinoa, grillitud köögiviljad ja halloumi juust.
f) Nirista peale kreeka jogurtiga tahini kaste ja viska peale.
g) Enne serveerimist kaunista hakitud värske peterselliga.

11.Grillitud Portobello seente ja spinati salat

KOOSTISOSAD:
- 4 suurt portobello seent, varred eemaldatud
- 6 tassi beebispinati lehti
- 1 tass kirsstomateid, poolitatud
- 1/4 tassi punast sibulat, õhukeselt viilutatud
- 1/4 tassi murendatud fetajuustu
- 2 spl palsamiäädikat
- 2 spl oliiviõli
- 1 küüslauguküüs, hakitud
- Sool ja pipar maitse järgi

JUHISED:
a) Eelkuumuta grill keskmisele-kõrgele kuumusele.
b) Pintselda portobello seened oliiviõliga ning maitsesta soola ja pipraga.
c) Grilli seeni 4-5 minutit mõlemalt poolt, kuni ilmuvad pehmed ja grillimisjäljed.
d) Eemalda seened grillilt ja lase veidi jahtuda. Lõika ribadeks.
e) Sega suures kausis beebispinati lehed, kirsstomatid, punane sibul ja murendatud fetajuust.
f) Sega väikeses kausis kokku palsamiäädikas, oliiviõli, hakitud küüslauk, sool ja pipar.
g) Lisa salatiga kaussi grillitud portobello seente viilud.
h) Nirista salatile balsamico-kastet ja sega kokku.
i) Serveeri kohe maitsva ja toitva grill-köögiviljasalatina.

GRILLI KAUNBILJADE JA TERJASALATID

12. Grillitud köögiviljade ja kuskussi salat

KOOSTISOSAD:
- 1 tass kuskussi, keedetud
- 1 suvikõrvits, pikuti viilutatud
- 1 kollane kõrvits, pikuti viilutatud
- 1 punane sibul, viilutatud ringideks
- 1 punane paprika, seemnetest puhastatud ja neljaks lõigatud
- 1 kollane paprika, seemnetest puhastatud ja neljaks lõigatud
- 1 tass kirsstomateid
- 2 spl oliiviõli
- 2 spl palsamiäädikat
- 1 spl värsket sidrunimahla
- 1 küüslauguküüs, hakitud
- Sool ja pipar maitse järgi
- Värsked basiilikulehed, hakitud (kaunistuseks)

JUHISED:
a) Eelkuumuta grill keskmisele-kõrgele kuumusele.
b) Pintselda suvikõrvits, kollane kõrvits, punane sibul ja paprika oliiviõliga. Maitsesta soola ja pipraga.
c) Grilli köögivilju 3-4 minutit mõlemalt poolt, kuni ilmuvad pehmed ja grillimisjäljed.
d) Eemaldage köögiviljad grillilt ja laske veidi jahtuda. Haki suupistesuurusteks tükkideks.
e) Segage suures kausis keedetud kuskuss, grillitud köögiviljad ja kirsstomatid.
f) Sega väikeses kausis kokku palsamiäädikas, sidrunimahl, hakitud küüslauk, sool ja pipar.
g) Nirista kaste salatile ja sega kokku.
h) Enne serveerimist kaunista hakitud värske basiiliku lehtedega.

13.Grillitud maisi salat

KOOSTISOSAD:
- 1 1/2 tl oliiviõli
- 1/2 teelusikatäit soola
- 4 maisi kõrva
- 1/4 tl pipart
- 2 supilusikatäit laimimahla
- 1/8 tl küüslaugupulbrit
- 1 1/2 tl oliiviõli
- 1 tass tükeldatud tomatit
- 2 teelusikatäit Suhkur
- 1 tass kuubikuteks lõigatud kurki, seemnetest puhastatud ja kooritud

JUHISED:
a) Määri mais 1 1/2 tl oliiviõliga
b) Grilli maisi 20 minutit, kuni see on kergelt pruunistunud.
c) Vahusta laimimahl, oliiviõli, suhkur, sool, pipar ja küüslaugupulber. Viska sisse mais, tomat ja kurk.
d) Sega korralikult läbi ja serveeri salatit.

14.Grillitud konfetti köögiviljad

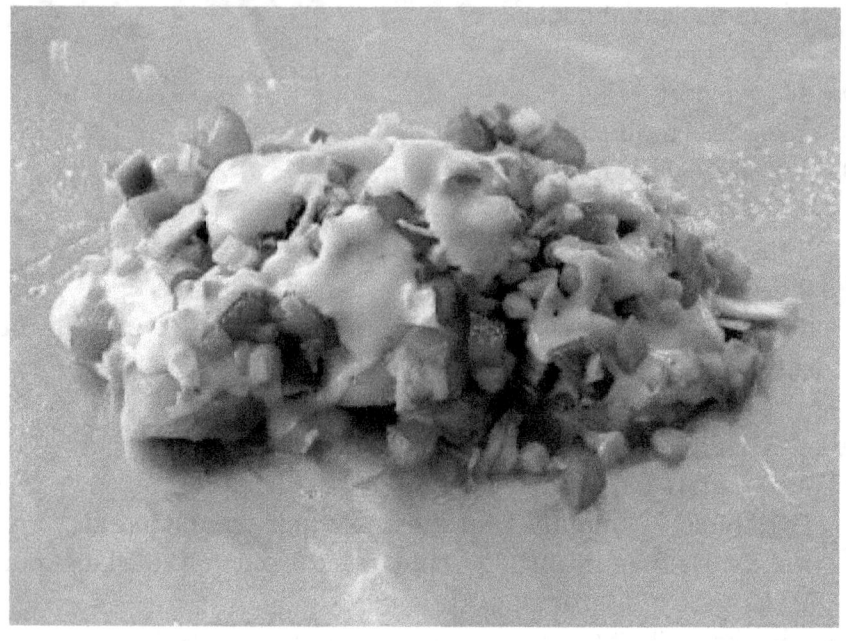

KOOSTISOSAD:
- 8 kirsstomatid; - pooleks, kuni 10
- 1½ tassi maisitõlvikust lõigatud
- 1 magus punane pipar; julienned
- ½ mõõdukat rohelist pipart; julienned
- 1 väike sibul; Segmenteeritud
- 1 spl Värskeid basiiliku lehti; kuubikuteks lõigatud
- ¼ tl riivitud sidrunikoort
- Sool ja pipar; maitsta
- 1 spl + 1 tl soolata võid või; margariin; Lõika sisse

JUHISED:
a) Sega kõik koostisosad, välja arvatud või, suures tassis; sega õrnalt, et hästi seguneks. Jaga köögiviljasegu pooleks. Asetage mõlemad pooled 12 x 12" suure vastupidava alumiiniumfooliumi tüki keskele. Määrige köögiviljad võiga.

b) Viige fooliumi nurgad kokku, moodustades püramiidi; keerake tihendamiseks.

c) Grilli fooliumipakke mõõdukalt kuumade süte kohal 15–20 minutit või kuni köögiviljad on pehmed. Serveeri kohe.

15.Grillitud köögivilja- ja kikerhernesalat

KOOSTISOSAD:
- 1 suvikõrvits, pikuti viilutatud
- 1 kollane kõrvits, pikuti viilutatud
- 1 punane sibul, viilutatud ringideks
- 1 punane paprika, seemnetest puhastatud ja neljaks lõigatud
- 1 kollane paprika, seemnetest puhastatud ja neljaks lõigatud
- 1 purk (15 untsi) kikerherneid, nõrutatud ja loputatud
- 2 spl oliiviõli
- Sool ja pipar maitse järgi
- Sidruniürdi kaste
- Segatud salatiroheline

JUHISED:
a) Eelkuumuta grill keskmisele-kõrgele kuumusele.
b) Pintselda suvikõrvits, kollane kõrvits, punane sibul ja paprika oliiviõliga. Maitsesta soola ja pipraga.
c) Grilli köögivilju 3-4 minutit mõlemalt poolt, kuni ilmuvad pehmed ja grillimisjäljed.
d) Tõsta grillilt ja lase veidi jahtuda. Haki köögiviljad hammustuste suurusteks tükkideks.
e) Sega suures kausis grillitud köögiviljad ja kikerherned.
f) Lohistage sidruniürdikastmega, kuni see on hästi kaetud.
g) Serveeri segatud salatirohelisega.

16.Grillitud Portobello seene ja kinoa salat

KOOSTISOSAD:
- 4 suurt portobello seent, varred eemaldatud
- 1 tass kinoa, keedetud
- 1 punane paprika, tükeldatud
- 1 kollane paprika, tükeldatud
- 1/4 tassi hakitud värsket peterselli
- 2 spl palsamiäädikat
- 2 spl oliiviõli
- 1 küüslauguküüs, hakitud
- Sool ja pipar maitse järgi

JUHISED:
a) Eelkuumuta grill keskmisele-kõrgele kuumusele.
b) Pintselda portobello seened oliiviõliga ning maitsesta soola ja pipraga.
c) Grilli seeni 4-5 minutit mõlemalt poolt, kuni ilmuvad pehmed ja grillimisjäljed.
d) Eemalda seened grillilt ja lase veidi jahtuda. Lõika ribadeks.
e) Segage suures kausis keedetud kinoa, tükeldatud punane paprika, tükeldatud kollane paprika ja hakitud värske petersell.
f) Sega väikeses kausis kokku palsamiäädikas, oliiviõli, hakitud küüslauk, sool ja pipar.
g) Lisa kaussi koos kinoasalatiga grillitud portobello seente viilud.
h) Nirista salatile balsamico-kastet ja sega kokku.
i) Serveeri soojalt või toatemperatuuril rammusa ja toitva grill-köögiviljasalatina.

17. Grillitud maisi ja musta oa salat

KOOSTISOSAD:
- 2 maisikõrvad, kooritud
- 1 purk (15 untsi) musti ube, loputatud ja nõrutatud
- 1 punane paprika, tükeldatud
- 1/2 punast sibulat, tükeldatud
- 1/4 tassi hakitud värsket koriandrit
- 1 laimi mahl
- 2 spl oliiviõli
- Sool ja pipar maitse järgi

JUHISED:
a) Eelkuumuta grill keskmisele-kõrgele kuumusele.
b) Asetage mais grillile ja küpseta, aeg-ajalt keerates, kuni tuumad on söestunud ja pehmed, umbes 10–12 minutit.
c) Eemaldage mais grillilt ja laske veidi jahtuda. Lõika tõlvikust tuumad ära ja pane suurde kaussi.
d) Lisage kaussi koos maisiga mustad oad, tükeldatud punane paprika, kuubikuteks lõigatud punane sibul ja hakitud värske koriander.
e) Vahusta väikeses kausis laimimahl, oliiviõli, sool ja pipar. Vala salatile ja sega kokku.
f) Serveeri kohe või jahuta enne serveerimist külmikus, et maitsed seguneksid.

18. Grillitud köögivilja- ja läätsesalat kinoaga

KOOSTISOSAD:
- 1 tass kinoat, loputatud
- 2 tassi vett või köögiviljapuljongit
- 1 tass rohelisi läätsi, loputatud
- 2 tassi segaköögivilju (nt paprika, suvikõrvits, kirsstomatid)
- 2 spl oliiviõli
- Sool ja pipar maitse järgi
- Kaste jaoks:
- 1/4 tassi oliiviõli
- 2 spl palsamiäädikat
- 1 spl Dijoni sinepit
- 1 küüslauguküüs, hakitud
- Sool ja pipar maitse järgi
- Värske petersell või basiilik kaunistuseks (valikuline)

JUHISED:
a) Kuumuta keskmises kastrulis vesi või köögiviljapuljong keemiseni. Lisa kinoa, alanda kuumust, kata kaanega ja hauta 15 minutit või kuni kinoa on keedetud ja vedelik imendunud. Tõsta tulelt ja lase 5 minutit seista, seejärel aja kahvliga kohevaks.
b) Aja teises keskmises kastrulis vesi keema. Lisa läätsed, alanda kuumust, kata kaanega ja hauta 20-25 minutit või kuni läätsed on pehmed, kuid mitte pudrused. Tühjendage liigne vesi ja pange kõrvale.
c) Eelkuumuta grill keskmisele-kõrgele kuumusele. Sega köögiviljad oliiviõli, soola ja pipraga.
d) Grilli köögivilju 3-4 minutit mõlemalt poolt või kuni need on pehmed ja kergelt söestunud. Eemaldage grillilt ja laske neil veidi jahtuda.
e) Segage suures kausis keedetud kinoa, keedetud läätsed ja grillitud köögiviljad.
f) Vispelda väikeses kausis kokku kastme ained . Vala salatile ja sega ühtlaseks katteks.
g) Soovi korral kaunista värske peterselli või basiilikuga. Serveeri soojalt või toatemperatuuril.

19.Grillitud kikerherne ja kuskussi salat

KOOSTISOSAD:
- 1 tass kuskussi
- 1 1/4 tassi köögiviljapuljongit või vett
- 1 purk (15 untsi) kikerherneid, nõrutatud ja loputatud
- 2 spl oliiviõli
- 1 tl jahvatatud köömneid
- 1 tl suitsupaprikat
- Sool ja pipar maitse järgi
- 1 punane paprika, tükeldatud
- 1 kollane paprika, tükeldatud
- 1/4 tassi hakitud värsket koriandrit
- 1 sidruni mahl
- 1 sidruni koor

JUHISED:
a) Kuumuta keskmises kastrulis köögiviljapuljong või vesi keema. Lisa kuskuss, kata ja tõsta tulelt. Lase 5 minutit seista, seejärel aja kahvliga kohevaks.
b) Eelkuumuta grill keskmisele-kõrgele kuumusele. Viska kaussi kikerherned oliiviõli, jahvatatud köömnete, suitsupaprika, soola ja pipraga.
c) Grilli kikerherneid 10-12 minutit, aeg-ajalt segades, kuni need on krõbedad ja kergelt söestunud.
d) Segage suures kausis keedetud kuskuss, grillitud kikerherned, kuubikuteks lõigatud punane paprika, tükeldatud kollane paprika, hakitud värske koriander, sidrunimahl ja sidrunikoor.
e) Viska kokku ja vajadusel maitsesta. Serveeri soojalt või toatemperatuuril.

20.Tofu ja pruuni riisi salat edamamega

KOOSTISOSAD:
- 1 plokk (14 untsi) eriti kõva tofu, pressitud ja nõrutatud
- 1 tass keedetud pruuni riisi
- 1 tass kooritud edamame, keedetud
- 2 tassi segatud salatirohelist
- 1 spl seesamiõli
- 2 spl sojakastet või tamari
- 1 spl riisiäädikat
- 1 spl mett või vahtrasiirupit
- 1 tl riivitud ingverit
- 1 küüslauguküüs, hakitud
- Sool ja pipar maitse järgi
- Kaunistuseks seesamiseemned

JUHISED:
a) Eelkuumuta grill keskmisele-kõrgele kuumusele. Lõika pressitud tofu kuubikuteks.
b) Vahusta kausis seesamiõli, sojakaste, riisiäädikas, mesi või vahtrasiirup, riivitud ingver, hakitud küüslauk, sool ja pipar.
c) Viska tofukuubikud marinaadi, tagades, et need oleksid ühtlaselt kaetud. Lase 15-20 minutit marineerida.
d) Grilli marineeritud tofukuubikuid 3-4 minutit mõlemalt poolt, kuni need on kergelt söestunud.
e) Segage suures kausis keedetud pruun riis, keedetud edamame, segatud salatirohelised ja grillitud tofukuubikud.
f) Nirista üle järelejäänud marinaadiga ja sega kokku. Kaunista seesamiseemnetega. Serveeri soojalt või toatemperatuuril.

21.Köögivilja- ja Farro salat valgete ubadega

KOOSTISOSAD:
- 1 tass farrot, loputatud
- 2 tassi köögiviljapuljongit või vett
- 1 purk (15 untsi) valgeid ube, nõrutatud ja loputatud
- 2 spl oliiviõli
- 1 spl palsamiäädikat
- 1 tl kuivatatud tüümiani
- Sool ja pipar maitse järgi
- 2 tassi segatud grillitud köögivilju (nagu baklažaan, suvikõrvits, paprika, kirsstomatid)
- 1/4 tassi hakitud värsket peterselli

JUHISED:
a) Kuumuta keskmises kastrulis köögiviljapuljong või vesi keema. Lisage farro, alandage kuumust, katke kaanega ja hautage 25–30 minutit või kuni farro on pehme. Tühjendage liigne vedelik ja laske sellel veidi jahtuda.
b) Vahusta suures kausis oliiviõli, palsamiäädikas, kuivatatud tüümian, sool ja pipar.
c) Viska keedetud farro ja valged oad vinegretti, kuni need on ühtlaselt kaetud.
d) Eelkuumuta grill keskmisele-kõrgele kuumusele. Segage grillitud köögiviljad oliiviõli, soola ja pipraga.
e) Grilli köögivilju 3-4 minutit mõlemalt poolt või kuni need on pehmed ja kergelt söestunud. Eemaldage grillilt ja laske neil veidi jahtuda.
f) Lisa kaussi koos farro ja valgete ubadega grillitud köögiviljad ja hakitud värske petersell. Viska kombineerimiseks. Serveeri soojalt või toatemperatuuril.

22.Grillitud kikerherne ja bulguri salat

KOOSTISOSAD:
- 1 tass bulgur-nisu
- 1 ½ tassi köögiviljapuljongit või vett
- 1 purk (15 untsi) kikerherneid, nõrutatud ja loputatud
- 2 spl oliiviõli
- 1 tl jahvatatud köömneid
- 1 tl suitsupaprikat
- Sool ja pipar maitse järgi
- 1 punane paprika, tükeldatud
- 1 kollane paprika, tükeldatud
- 1 kurk, tükeldatud
- 1/4 tassi hakitud värsket peterselli
- 1 sidruni mahl
- 2 spl punase veini äädikat

JUHISED:
a) Kuumuta keskmises kastrulis köögiviljapuljong või vesi keema. Lisage bulgurnisu, katke kaanega ja hautage 10–12 minutit või kuni see on pehme. Eemaldage kuumusest ja laske veidi jahtuda.
b) Eelkuumuta grill keskmisele-kõrgele kuumusele. Viska kaussi kikerherned oliiviõli, jahvatatud köömnete, suitsupaprika, soola ja pipraga.
c) Grilli kikerherneid 10-12 minutit, aeg-ajalt segades, kuni need on krõbedad ja kergelt söestunud.
d) Segage suures kausis keedetud bulgurnisu, grillitud kikerherned, tükeldatud punane paprika, tükeldatud kollane paprika, kuubikuteks lõigatud kurk, hakitud värske petersell, sidrunimahl ja punase veini äädikas.
e) Viska kokku ja vajadusel maitsesta. Serveeri soojalt või toatemperatuuril.

23. Läätse- ja odrasalat röstitud köögiviljadega

KOOSTISOSAD:
- 1 tass otra
- 2 tassi köögiviljapuljongit või vett
- 1 tass rohelisi läätsi, loputatud
- 3 tassi segatud köögivilju (nt porgand, paprika, punane sibul)
- 2 spl oliiviõli
- Sool ja pipar maitse järgi
- 1/4 tassi hakitud värsket basiilikut või peterselli
- Balsamico vinegreti kaste

JUHISED:
a) Kuumuta keskmises kastrulis köögiviljapuljong või vesi keema. Lisa oder, alanda kuumust, kata kaanega ja hauta 30–35 minutit või kuni see on pehme. Eemaldage kuumusest ja laske veidi jahtuda.
b) Eelkuumuta grill keskmisele-kõrgele kuumusele. Sega köögiviljad oliiviõli, soola ja pipraga.
c) Grilli köögivilju 4-5 minutit mõlemalt poolt või kuni need on pehmed ja kergelt söestunud. Eemaldage grillilt ja laske neil veidi jahtuda.
d) Eraldi kastrulis segage rohelised läätsed piisavalt veega, et need kataks 2 tolli. Kuumuta keemiseni, seejärel alanda kuumust ja hauta 20–25 minutit või kuni see on pehme, kuid mitte pudrune. Tühjendage liigne vesi ja laske neil veidi jahtuda.
e) Segage suures kausis keedetud oder, keedetud läätsed, grillitud köögiviljad, hakitud värske basiilik või petersell ja balsamico vinegreti kaste. Viska kombineerimiseks. Serveeri soojalt või toatemperatuuril.

GRILLI PUUVILJASALATID

24. Grillitud pirni ja sinihallitusjuustu salat

KOOSTISOSAD:
- 30 grammi võid; (1 unts)
- 4 pehmet magustoidupirni
- 175 grammi Dolcelatte juustu; (6 untsi)
- Segatud salatilehed
- Sool ja must pipar
- Vinegrett

JUHISED:
a) Kuumuta grill.
b) Sulata või ja maitsesta kergelt. Poolita pirnid, eemalda südamikud ja lõika viljaliha lehvikuteks, jättes varreotsad lõikamata.
c) Vajutage lehvikuid õrnalt, et puu tasandaks, ja pintselda maitsevõiga.
d) Küpseta grilli all kuni pruunistumiseni.
e) Segmenteerige või viilutage juust ja jagage tükid pirnide vahel, kuhjake juust aeglaselt peale.
f) Tõsta tagasi tulele ja küpseta, kuni juust hakkab mullitama.
g) Vahepeal riietage lehed ja asetage need igale neljale taldrikule.
h) Tõsta pirnid aeglaselt grillpannilt ja aseta igale salatitaldrikule 2 poolikut. Maitsesta soola ja pipraga ning serveeri

25. Grillitud arbuusisalat

KOOSTISOSAD:
- 4 paksu arbuusi viilu, koor eemaldatud
- 4 tassi rukolat
- ½ tassi purustatud fetajuustu
- ¼ tassi hakitud piparmündi lehti
- ¼ tassi balsamico glasuuri

JUHISED:
a) Kuumuta grill kõrgele kuumusele.
b) Grilli arbuusiviile mõlemalt poolt 1-2 minutit, kuni need on kergelt söestunud.
c) Laota rukola serveerimisvaagnale.
d) Tõsta peale grillitud arbuusiviilud, murendatud fetajuust ja hakitud piparmündilehed.
e) Nirista peale balsamico glasuur ja serveeri.

26.Grillitud virsiku ja rukola salat

KOOSTISOSAD:
- 3 virsikut poolitatuna ja kivideta
- 4 tassi rukolat
- ¼ tassi hakitud värsket piparmünti
- ¼ tassi murendatud fetajuustu
- 2 spl palsamiäädikat
- 2 spl oliiviõli
- Sool ja must pipar

JUHISED:
a) Kuumuta grill keskmisel-kõrgel kuumusel.
b) Pintselda virsikupoolikud oliiviõliga ning maitsesta soola ja musta pipraga.
c) Grilli virsikupoolikuid 2-3 minutit mõlemalt poolt või kuni grillimisjäljed ilmuvad.
d) Eemaldage grillilt ja laske jahtuda.
e) Lõika grillitud virsikud suupistesuurusteks tükkideks.
f) Sega suures kausis rukola, grillitud virsikutükid, hakitud piparmünt ja murendatud fetajuust.
g) Vispelda väikeses kausis kokku palsamiäädikas ja oliiviõli.
h) Nirista palsamiviinerit salatile ja sega kokku.
i) Maitsesta soola ja musta pipraga maitse järgi.
j) Serveeri kohe.

27. Grillitud ananassi ja avokaado salat

KOOSTISOSAD:
- 1 värske ananass, kooritud ja südamik
- 2 avokaadot, kivideta ja viilutatud
- 4 tassi segatud rohelisi
- ¼ tassi hakitud värsket koriandrit
- 2 spl laimimahla
- 2 spl oliiviõli
- Sool ja must pipar

JUHISED:
a) Lõika ananass 1-tollisteks ringideks.
b) Pintselda ananassiringid oliiviõliga ning maitsesta soola ja musta pipraga.
c) Kuumuta grill keskmisel-kõrgel kuumusel.
d) Grilli ananassitükke mõlemalt poolt 2-3 minutit või kuni need on kergelt söestunud.
e) Eemaldage grillilt ja laske jahtuda.
f) Lõika grillitud ananass suupistesuurusteks tükkideks.
g) Sega suures kausis kokku segatud rohelised, grillitud ananassitükid, viilutatud avokaadod ja hakitud koriander.
h) Vispelda väikeses kausis laimimahl ja oliiviõli.
i) Nirista laimikaste salatile ja sega ühtlaseks.
j) Maitsesta soola ja musta pipraga maitse järgi.
k) Serveeri kohe.

28. Grillitud kivipuuviljade salat

KOOSTISOSAD:
- 2 virsikut poolitatuna ja kivideta
- 2 nektariini poolitatuna ja kivideta
- 2 ploomi poolitatuna ja kivideta
- 2 spl oliiviõli
- 1 spl mett
- 2 spl hakitud värsket basiilikut
- 2 spl murendatud kitsejuustu
- Sool ja must pipar

JUHISED:
a) Kuumuta grill keskmisel-kõrgel kuumusel.
b) Pintselda poolitatud luuviljad oliiviõliga.
c) Grilli luuvilju 2-3 minutit mõlemalt poolt või kuni need on kergelt söestunud.
d) Eemaldage grillilt ja laske jahtuda.
e) Lõika grillitud luuviljad hammustuste suurusteks tükkideks.
f) Sega suures kausis grillitud luuviljad, mesi, hakitud basiilik ja murendatud kitsejuust.
g) Maitsesta soola ja musta pipraga maitse järgi.
h) Serveeri jahutatult.

29. Grillitud virsiku ja prosciutto salat

KOOSTISOSAD:
- 4 virsikut poolitatuna ja kivideta
- 4 prosciutto viilu
- 4 tassi beebispinatit
- ¼ tassi murendatud kitsejuustu
- 2 spl oliiviõli
- 2 spl balsamico glasuuri
- Sool ja must pipar

JUHISED:
a) Kuumuta grill keskmisel-kõrgel kuumusel.
b) Pintselda virsikupoolikud oliiviõliga ning maitsesta soola ja musta pipraga.
c) Grilli virsikupoolikuid 2-3 minutit mõlemalt poolt või kuni need on kergelt söestunud.
d) Eemaldage grillilt ja laske jahtuda.
e) Mähi iga virsikupoole ümber prosciutto viil.
f) Sega suures kausis beebispinat, murendatud kitsejuust ja grillitud virsikupoolikud.
g) Nirista salatile balsamicoglasuuri ja sega kokku.
h) Serveeri jahutatult.

30.Grillitud ananassi ja krevettide salat

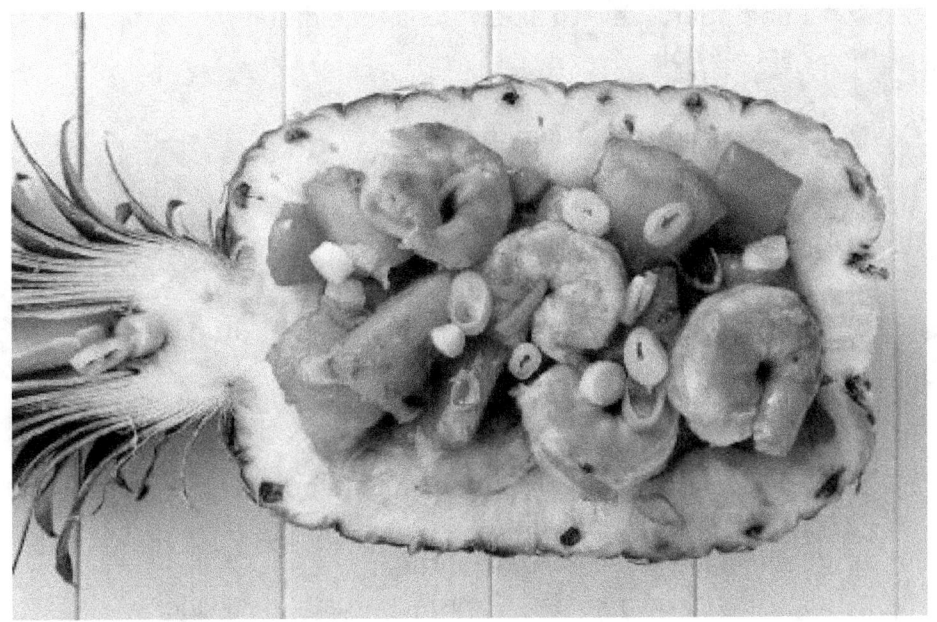

KOOSTISOSAD:
- 1 küps ananass, kooritud ja tükkideks lõigatud
- 1 nael suurt krevetti, kooritud ja tükeldatuna
- 2 spl oliiviõli
- 2 spl laimimahla
- ¼ tassi hakitud värsket koriandrit
- Sool ja must pipar

JUHISED:
a) Kuumuta grill keskmisel-kõrgel kuumusel.
b) Sega väikeses kausis oliiviõli, laimimahl, hakitud koriander, sool ja must pipar.
c) Lõika ananassitükid ja krevetid varrastele.
d) Pintselda vardad oliiviõli seguga.
e) Grilli vardaid 2-3 minutit mõlemalt poolt või kuni krevetid on roosad ja läbi küpsenud.
f) Eemaldage grillilt ja laske jahtuda.
g) Lõika grillitud ananass suupistesuurusteks tükkideks.
h) Segage suures kausis grillitud ananass, krevetid ja ülejäänud oliiviõli segu.
i) Serveeri jahutatult.

31.Grillitud viigimarja- ja halloumi salat

KOOSTISOSAD:
- 6 küpset viigimarja, poolitatud
- 8 untsi halloumi juustu, viilutatud
- 4 tassi segatud rohelisi
- ¼ tassi hakitud värsket peterselli
- ¼ tassi hakitud kreeka pähkleid
- 2 supilusikatäit mett
- 2 spl oliiviõli
- 2 spl punase veini äädikat
- Sool ja must pipar

JUHISED:
a) Kuumuta grill keskmisel-kõrgel kuumusel.
b) Pintselda viigimarjapoolikud ja halloumi viilud oliiviõliga ning maitsesta soola ja musta pipraga.
c) Grilli viigimarju ja halloumit mõlemalt poolt 2-3 minutit või kuni need on kergelt söestunud.
d) Eemaldage grillilt ja laske jahtuda.
e) Segage suures kausis segatud rohelised, hakitud petersell, hakitud kreeka pähklid, grillitud viigimarjad ja grillitud halloumi.

32.Grillitud Mango Kaste

KOOSTISOSAD:
- 2 küpset mangot, kooritud ja kuubikuteks lõigatud
- ½ punast sibulat, peeneks hakitud
- 1 jalapeño pipar, seemnetest puhastatud ja peeneks hakitud
- ¼ tassi hakitud värsket koriandrit
- 2 spl laimimahla
- 1 spl oliiviõli
- Sool ja must pipar

JUHISED:
a) Kuumuta grill keskmisel-kõrgel kuumusel.
b) Pintselda mangotükid oliiviõliga ning maitsesta soola ja musta pipraga.
c) Grilli mangotükke 2-3 minutit mõlemalt poolt või kuni grillimisjäljed ilmuvad.
d) Eemaldage grillilt ja laske jahtuda.
e) Sega keskmises kausis grillitud mango, punane sibul, jalapeño pipar, koriander, laimimahl ja oliiviõli.
f) Maitsesta soola ja musta pipraga maitse järgi.
g) Serveeri tortillakrõpsudega või grillkana või kala lisandina.

33.Grillitud puuviljavaagen

KOOSTISOSAD:
- ½ tassi valge viinamarjamahla
- ¼ tassi suhkrut
- 1 ananass, kooritud, puhastatud südamikust ja lõigatud ½ - tollisteks tükkideks
- 2 küpset musta või lillat ploomi, poolitatud ja kivideta
- 2 küpset virsikut poolitatuna ja kivideta
- 2 küpset banaani, poolitatud pikuti

JUHISED:
a) Kuumuta grill. Kuumuta väikeses kastrulis keskmisel kuumusel segades viinamarjamahla ja suhkrut, kuni suhkur lahustub. Tõsta tulelt ja tõsta kõrvale jahtuma.
b) Tõsta puuviljad kuumale grillile ja grilli olenevalt puuviljast 2–4 minutit.
c) Laota grillitud puuviljad serveerimisvaagnale ja nirista peale siirup. Serveeri toatemperatuuril.

34.Grillitud karri värsked puuviljad

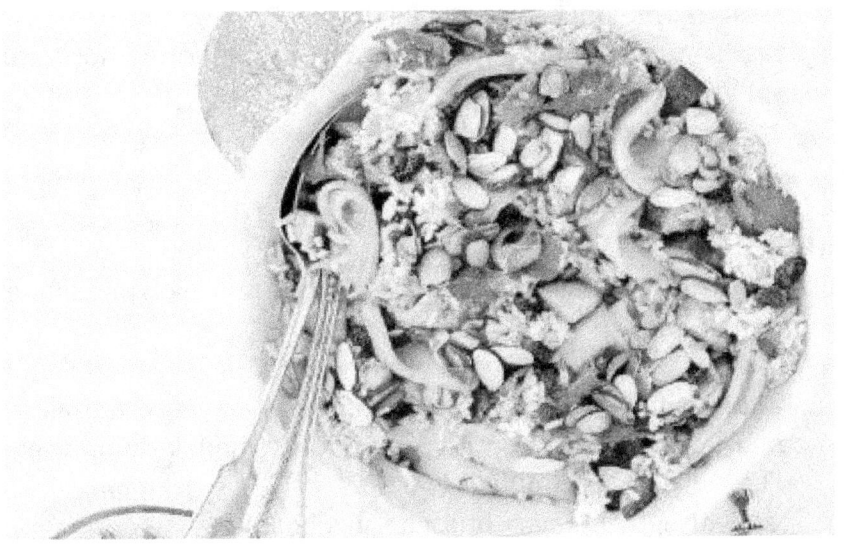

KOOSTISOSAD:
- Vaniljejäätis
- 1 tass IGA, meloni ja meloni pallid
- 1 tass ananassikuubikuid, värske või konserveeritud, nõrutatud
- 2 spl Võid
- ¼ tassi pakitud pruuni suhkrut
- 1 spl karripulbrit

JUHISED:
a) Asetage melonipallid ja ananassitükid 8-tollisele ruudukujulisele fooliumpannile.
b) Valage 1 tass vett teisele 8-tollisele ruudukujulisele fooliumpannile. Asetage puuvilju sisaldav pann vett sisaldavasse panni. Sulata väikeses potis või mõõdukalt madalal kuumusel, sega hulka suhkur ja karripulber.
c) Tõsta võisegu lusikaga ühtlaselt puuviljadele
d) Asetage pannid grillile.
e) Grilli mõõdukalt madalal kuumusel 10-15 minutit või kuni kaste on mullitav

35.Mango tšau

KOOSTISOSAD:
- ½ tl meresoola
- ¼ tl musta pipart
- 6 küüslauguküünt, kooritud ja õhukesteks viiludeks
- 2 banaani šalottsibulat, kooritud, poolitatud ja õhukesteks viiludeks
- 2 rohelist mangot
- 1 väike peotäis koriandrilehti, pestud, kuivatatud ja hakitud
- 1 sidruni või laimi mahl
- 1 tl valge veini äädikat
- 1-2 tšillit, seemnetest puhastatud ja õhukesteks viiludeks

JUHISED:
a) Pane sool, pipar, küüslauk ja šalottsibul kaussi.
b) Koori mangod ja lõika seemnete eemaldamiseks viiludeks.
c) Lõika iga viil õhukeselt ja lisa kaussi koos koriandri, sidruni- või laimimahla ja äädikaga.
d) Sega lusikaga korralikult läbi, et tšilli käsi ei kõrvetaks, seejärel maitse ja maitsesta.
e) Serveeri kohe või lase enne serveerimist vähemalt tund aega külmikus puhata.

36. Grillitud õuna- ja kitsejuustu salat

KOOSTISOSAD:
- 2 õuna, südamikust puhastatud ja viiludeks lõigatud
- 4 tassi segatud salatirohelist
- 1/2 tassi murendatud kitsejuustu
- 1/4 tassi hakitud kreeka pähkleid, röstitud
- 2 spl oliiviõli
- 1 spl palsamiäädikat
- 1 tl mett
- Sool ja pipar maitse järgi

JUHISED:
a) Eelkuumuta grill keskmisele-kõrgele kuumusele. Pintselda õunaviile oliiviõliga ja grilli 2-3 minutit mõlemalt poolt või kuni ilmuvad grilli jäljed.
b) Kastme valmistamiseks vispelda väikeses kausis kokku oliiviõli, palsamiäädikas, mesi, sool ja pipar.
c) Laota serveerimisvaagnale segatud salatirohelised. Kõige peale tõsta grillitud õunaviilud, murendatud kitsejuust ja röstitud kreeka pähklid.
d) Nirista kaste salatile. Serveeri kohe.

37. Grillitud maasika ja spinati salat

KOOSTISOSAD:
- 2 tassi värskeid maasikaid, kooritud ja poolitatud
- 6 tassi beebispinati lehti
- 1/4 tassi viilutatud mandleid, röstitud
- 2 spl palsamiäädikat
- 1 spl oliiviõli
- 1 tl mett
- Sool ja pipar maitse järgi

JUHISED:
a) Eelkuumuta grill keskmisele-kõrgele kuumusele. Keera maasikapoolikud varrastele.
b) Grilli maasikaid 2-3 minutit mõlemalt poolt või kuni grillimisjäljed ilmuvad.
c) Kastme valmistamiseks vispelda väikeses kausis kokku palsamiäädikas, oliiviõli, mesi, sool ja pipar.
d) Laota beebispinati lehed serveerimisvaagnale. Kõige peale tõsta grillitud maasikad ja viilutatud mandlid.
e) Nirista kaste salatile. Serveeri kohe.

38.Grillitud tsitrusviljade salat

KOOSTISOSAD:
- 2 apelsini, kooritud ja viilutatud
- 2 greipi, kooritud ja viilutatud
- 2 supilusikatäit mett
- 1 spl oliiviõli
- 1 spl hakitud värskeid piparmündi lehti
- Näputäis meresoola

JUHISED:
a) Eelkuumuta grill keskmisele-kõrgele kuumusele. Pintselda apelsini- ja greibiviilud oliiviõliga.
b) Grilli puuviljaviile 1-2 minutit mõlemalt poolt või kuni grillimisjäljed ilmuvad.
c) Laota grillitud tsitrusviljad serveerimisvaagnale. Nirista peale mett ja puista peale hakitud värskeid piparmündilehti ja näpuotsaga meresoola.
d) Serveeri kohe värskendava ja särtsaka salatina.

GRILLI
VEISE/SEALHA/LAALISALALATID

39. Grillitud veiseliha prosciutto salat

KOOSTISOSAD:
- ½ tassi oliiviõli
- 3 küüslauguküünt; jämedalt kuubikuteks lõigatud
- 4 oksakest rosmariini
- 8 untsi; veise sisefilee
- Sool ja värskelt jahvatatud must pipar
- 2 sidrunit; grillitud
- 1 supilusikatäis jämedalt tükeldatud šalottsibul
- 1 spl Värske rosmariin jämedalt tükeldatud
- 3 grillitud küüslauguküünt
- ½ tassi oliiviõli
- Sool ja värskelt jahvatatud pipar
- 8 tassi kuubikuteks lõigatud rooma salatit
- Grillitud sidrun- grillitud küüslauguvinegrett
- 8 segmenti Prosciutto; julienned
- 12 sibulat; grillitud ja kuubikuteks lõigatud
- 2 punast tomatit; kuubikuteks lõigatud
- 2 kollast tomatit; kuubikuteks lõigatud
- 1½ tassi purustatud gorgonzolat
- Grillitud veise sisefilee; kuubikuteks lõigatud
- 4 kõvaks keedetud muna; kooritud ja kuubikuteks lõigatud
- 2 Haas avokaadot; kooritud, kivideta
- Tükeldatud murulauk
- 8 grillitud küüslauguküünt
- 2 pulgad soolamata võid; pehmendatud
- Sool ja värskelt jahvatatud pipar
- 16 segmenti itaalia leib; Segmenteeritud 1/4-tolline
- ¼ tassi peeneks hakitud peterselli
- ¼ tassi peeneks tükeldatud pune

Sega väikeses madalas ahjuvormis õli, küüslauk ja rosmariin. Lisa veiseliha ja sega katteks. Kata kaanega ja hoia vähemalt 2 tundi või üleöö külmkapis. Lase enne grillimist 30 minutit toatemperatuuril seista

Kuumuta grill. Võtke veiseliha soolveest välja, maitsestage maitse järgi soola ja pipraga ning küpsetage 4–5 minutit mõlemalt poolt, et see oleks mõõdukalt haruldane.
Lase puhata 10 minutit, seejärel lõika kuubikuteks.

40.Grillitud lambaliha ja Lima oa salat

KOOSTISOSAD:
- 2 punast paprikat
- ¾ tassi oliiviõli
- ¼ tassi palsamiäädikat
- 1 spl küüslauk; hakitud
- ¼ tassi basiilikut; peeneks kuubikuteks lõigatud
- Sool & pipar maitse järgi
- 1 tass Lima oad; kestad
- 1 nael lambaliha; 1/2" kuubikud
- 1 hunnik rukolat; pestud & kuivatatud
- 1 suur tomat; suurteks kuubikuteks lõigatud

a) Grillige paprikaid kuumal tulel, rullides neid ühtlaseks küpsemiseks, kuni nahk on väga tume ja villiline. Võta grillilt välja, tõsta pruuni paberkotti, seo kott kinni ja lase paprikal kotis 20 minutit jahtuda. Võtke kotist välja, koorige nahk ja eemaldage seemned ja varred.

b) Asetage paprikad köögikombaini või mikserisse ja. Kui mootor töötab, lisage ühtlase joana oliiviõli. Lisage palsamiäädikas, küüslauk ja basiilik ning seejärel segage.

c) Maitsesta soola ja pipraga, seejärel tõsta kõrvale.

d) Kuumuta mõõdukas kastrulis 2 tassi soolaga maitsestatud vett keemiseni. Lisage lima oad ja keetke 12–15 minutit, kuni need on pehmed, kuid mitte pehmed. Nõruta, kasta keetmise peatamiseks külma vette, nõruta uuesti ja pane suurde nõusse. (Kui kasutate herneid, küpseta ainult 2–3 minutit, kuni see on erkroheline ja pehme.) 4. Vahepeal maitsestage lambaliha maitse järgi soola ja pipraga, keerake varrastele ja grillige kuumal tulel 3–4 minutit mõlemalt poolt. .

e) Tõsta tulelt ja libista vardad ära.

f) Lisa lambaliha, rukola ja tomat lima ube sisaldavale roale. Sega kaste korralikult läbi, lisab täpselt nii palju, et koostisained niisutaks, sega korralikult läbi ja serveeri.

41.T-bone Tostada salat

KOOSTISOSAD:
- 8 redist, väga õhukesteks viiludeks
- 1 jalapeño, väga õhukesteks viiludeks
- ½ väikest punast sibulat, õhukeselt viilutatud
- 2 spl ekstra neitsioliiviõli
- 1 spl värsket laimimahla
- Koššersool ja värskelt jahvatatud pipar
- Praetud Tostada kestad või 8 poest ostetud tostadat
- ½ tassi hapukoort
- 5 tassi peeneks hakitud jääsalatit
- Vürtsiga hõõrutud T-Bone pihvid, õhukeselt viilutatud
- 1/4 tassi koriandri lehti
- Laimiviilud, serveerimiseks

JUHISED:
a) Sega keskmises kausis redised jalapeño, punase sibula, oliiviõli ja laimimahlaga ning maitsesta soola ja pipraga.
b) Tõsta tostada kestad taldrikutele ja lusikaga peale hapukoor.
c) Kata jääsalati ja viilutatud praadiga. Tõsta lusikaga redisesalat praadile ja puista peale koriandrilehti.
d) Serveeri koos laimiviiludega.

42. Veiseliha lok lak

KOOSTISOSAD:
- 350 g veiseliha seeliku praad, õhukesteks viiludeks üle tera (või kasuta oma lemmiklõiku)
- 3 spl sojakastet
- 1 spl austrikastet
- 1 spl tomatiketšupit
- 1 tl kalakastet
- 2 küüslauguküünt, viilutatud
- 2 peotäit pehmeid salatilehti
- 2 küpset tomatit, viilutatud
- ¼ kurki, viilutatud
- 2 spl taimeõli
- 1 tl maisijahu, segatud pastaks 1 tl külma veega
- munad
- talisibul, õhukeselt viilutatud värskelt jahvatatud must pipar

kastme jaoks
- 1 kuhjaga teelusikatäis musta pipra tera
- 1 laimi mahl
- 1 tl kalakastet
- 1 tl tuhksuhkrut

JUHISED:

a) Asetage veiseribad mittemetallist kaussi ja lisage sojakaste, austrikaste, tomatiketšup, kalakaste, küüslauk ja ohtralt jahvatatud musta pipart.
b) Sega korralikult läbi, kata toidukilega ja jäta külmkappi marineeruma minimaalselt 2 tunniks, ideaalis üleöö.
c) Tee dipikaste jahvatades pipraterad vürtsiveskis või uhmris peeneks jahvatamiseks. Sega hulka laimimahl, kalakaste ja suhkur, sega korralikult, kuni suhkur on lahustunud. Kõrvale panema.
d) Laota salat, tomat ja kurk 2 taldrikule.
e) Kuumuta vokkpannil 1 supilusikatäis õli, kuni see suitseb, seejärel nirista sisse veseliha, prae segades paar minutit, kuni see on peaaegu oma maitse järgi küpsenud. Sega kiiresti läbi maisijahupasta ja paksenda kõrgel kuumusel veel minut aega. Keera voki all kuumus maha ja hoia soojas.
f) Lisa ülejäänud õli praepannile ja tõsta keskmisele-kõrgele tulele. Kui see on kuum, purustage munad ja praege, kuni see on teie maitse järgi keedetud.
g) Laota veiseliha iga salatitaldriku peale ja tõsta peale praemuna. Puista peale kevadine sibul, nirista peale kaste ja serveeri kohe.

43. Grillitud steigi salat balsamico vinegretiga

KOOSTISOSAD:
- 1 naela küljetükk või välisfilee praad
- Sool ja pipar maitse järgi
- 6 tassi segatud salatirohelist
- 1 tass kirsstomateid, poolitatud
- 1/2 punast sibulat, õhukeselt viilutatud
- 1/4 tassi murendatud sinihallitusjuustu või fetajuustu
- 1/4 tassi hakitud kreeka pähkleid, röstitud
- Balsamico vinegreti jaoks:
- 1/4 tassi palsamiäädikat
- 1/3 tassi oliiviõli
- 1 spl Dijoni sinepit
- 1 tl mett
- Sool ja pipar maitse järgi

JUHISED:
a) Kuumuta grill kõrgele kuumusele. Maitsesta praad ohtralt soola ja pipraga.
b) Grilli steiki 4-5 minutit ühe poole kohta keskmise-harudase puhul või kuni soovitud küpsuse saavutamiseni. Eemaldage grillilt ja laske enne viilutamist 5 minutit puhata.
c) Sega väikeses kausis vinegreti valmistamiseks kokku palsamiäädikas, oliiviõli, Dijoni sinep, mesi, sool ja pipar.
d) Segage suures kausis segatud salatirohelised, kirsstomatid ja punase sibula viilud koos balsamico vinegretiga.
e) Laota salat serveerimisvaagnale. Tõsta peale viilutatud grillpraad, murendatud juust ja röstitud kreeka pähklid. Serveeri kohe.

44. Grillitud sea sisefilee salat mangokastega

KOOSTISOSAD:
- 1 nael sea sisefilee
- Sool ja pipar maitse järgi
- 6 tassi segatud salatirohelist
- 1 mango, tükeldatud
- 1/2 punast paprikat, tükeldatud
- 1/4 punast sibulat, peeneks hakitud
- 1 jalapeño pipar, seemnetest puhastatud ja hakitud
- 1 laimi mahl
- 2 supilusikatäit hakitud värsket koriandrit
- 2 spl oliiviõli

JUHISED:
a) Eelkuumuta grill keskmisele-kõrgele kuumusele. Maitsesta sea sisefilee soola ja pipraga.
b) Grilli sea sisefileed 15–20 minutit, aeg-ajalt keerates, kuni sisetemperatuur jõuab 63 °C-ni. Eemaldage grillilt ja laske enne viilutamist 5 minutit puhata.
c) Mangokaste valmistamiseks sega kausis kuubikuteks lõigatud mango, tükeldatud punane paprika, hakitud punane sibul, hakitud jalapeño pipar, laimimahl, hakitud koriander ja oliiviõli.
d) Laota serveerimisvaagnale segatud salatirohelised. Kõige peale tõsta viilutatud grillitud sea sisefilee ja mangokaste. Serveeri kohe.

45.Grillitud lambaliha salat kreeka jogurtikastmega

KOOSTISOSAD:
- 1 nael lambalihakotlette või lambafileed
- Sool ja pipar maitse järgi
- 6 tassi segatud salatirohelist
- 1 kurk, tükeldatud
- 1 tass kirsstomateid, poolitatud
- 1/4 tassi murendatud fetajuustu
- Kreeka jogurtikastme jaoks:
- 1/2 tassi kreeka jogurtit
- 2 spl sidrunimahla
- 1 spl oliiviõli
- 1 küüslauguküüs, hakitud
- 1 spl hakitud värsket tilli
- Sool ja pipar maitse järgi

JUHISED:
a) Eelkuumuta grill keskmisele-kõrgele kuumusele. Maitsesta lambaliha või lambafilee soola ja pipraga.
b) Grilli lambakarbonaad või lambafileed 3-4 minutit ühe poole kohta keskmise-harulduse puhul või kuni soovitud küpsuse saavutamiseni. Eemaldage grillilt ja laske neil enne viilutamist 5 minutit puhata.
c) Kastme valmistamiseks vispelda väikeses kausis kreeka jogurt, sidrunimahl, oliiviõli, hakitud küüslauk, hakitud värske till, sool ja pipar.
d) Laota serveerimisvaagnale segatud salatirohelised. Kõige peale tõsta kuubikuteks lõigatud kurk, poolitatud kirsstomatid ja murendatud fetajuust.
e) Aseta salatile viilutatud grilllambaliha ja nirista üle Kreeka jogurtikastmega. Serveeri kohe.

46. Grillitud veiseliha salat Chimichurri kastmega

KOOSTISOSAD:
- 1 naelane veiseliha seelikupraad või küljepraad
- Sool ja pipar maitse järgi
- 6 tassi segatud salatirohelist
- 1 tass viilutatud paprikat (erinevat värvi)
- 1/2 punast sibulat, õhukeselt viilutatud
- 1/4 tassi hakitud värsket peterselli
- Chimichurri kastme jaoks:
- 1 tass värskeid peterselli lehti
- 1/4 tassi värskeid koriandri lehti
- 3 küüslauguküünt
- 1/4 tassi punase veini äädikat
- 1/2 tassi oliiviõli
- Sool ja pipar maitse järgi

JUHISED:
a) Eelkuumuta grill keskmisele-kõrgele kuumusele. Maitsesta veiseliha seelikupraad või küljepraad soola ja pipraga.
b) Grilli steiki 4-5 minutit ühe poole kohta keskmise-harulduse puhul või kuni soovitud küpsuse saavutamiseni. Eemaldage grillilt ja laske enne viilutamist 5 minutit puhata.
c) Sega köögikombainis kokku värsked petersellilehed, värsked koriandrilehed, küüslauk, punase veini äädikas, oliiviõli, sool ja pipar. Pulse, kuni see on hästi segunenud, et valmistada chimichurri kaste.
d) Laota serveerimisvaagnale segatud salatirohelised. Tõsta peale viilutatud paprika, õhukeselt viilutatud punane sibul ja hakitud värske petersell.
e) Tükelda grillitud veiseliha ja aseta salatile. Nirista chimichurri kastet veiselihale ja salatile. Serveeri kohe.

47.Grillitud praad ja tomatisalat

KOOSTISOSAD:
- 1 naela küljetükk või välisfilee praad
- Sool ja pipar maitse järgi
- 2 spl oliiviõli
- 4 suurt tomatit, viilutatud
- 4 tassi segatud salatirohelist
- 1/4 tassi murendatud sinihallitusjuustu
- Balsamico vinegreti kaste

JUHISED:
a) Kuumuta grill kõrgele kuumusele. Maitsesta praad soola, pipra ja oliiviõliga.
b) Grilli steiki 4-5 minutit ühe poole kohta keskmise-haruldase puhul või kuni soovitud küpsuse saavutamiseni. Enne viilutamist laske 5 minutit puhata.
c) Laota serveerimisvaagnale segatud salatirohelised ja viilutatud tomatid.
d) Viiluta grillpraad õhukeselt vastu tera ja tõsta salati peale.
e) Puista salatile murendatud sinihallitusjuust.
f) Nirista peale balsamico vinegreti kaste. Serveeri kohe.

48.Grillitud sea sisefilee ja virsiku salat

KOOSTISOSAD:
- 1 nael sea sisefilee
- Sool ja pipar maitse järgi
- 2 spl oliiviõli
- 2 virsikut poolitatuna ja kivideta
- 4 tassi segatud salatirohelist
- 1/4 tassi röstitud pekanipähklit
- 1/4 tassi murendatud fetajuustu
- Mesi balsamico kaste

JUHISED:
a) Eelkuumuta grill keskmisele-kõrgele kuumusele. Maitsesta sea sisefilee soola, pipra ja oliiviõliga.
b) Grilli sea sisefileed 15–20 minutit, aeg-ajalt keerates, kuni sisetemperatuur jõuab 63 °C-ni. Enne viilutamist laske 5 minutit puhata.
c) Pintselda virsikupoolikuid oliiviõliga ja grilli 2-3 minutit mõlemalt poolt, kuni ilmuvad grilli jäljed. Viiluta virsikud.
d) Laota serveerimisvaagnale segatud salatirohelised. Kõige peale tõsta viilutatud sea sisefilee ja grillitud virsikuviilud.
e) Puista salatile röstitud pekanipähklid ja murendatud fetajuust.
f) Nirista peale mee balsamico kaste. Serveeri kohe.

49. Grillitud lambaliha ja kuskussi salat

KOOSTISOSAD:
- 4 lambalihakotlette
- Sool ja pipar maitse järgi
- 2 spl oliiviõli
- 1 tass kuskussi
- 1 1/4 tassi köögiviljapuljongit
- 4 tassi beebispinati lehti
- 1/4 tassi kuivatatud jõhvikaid
- 1/4 tassi murendatud kitsejuustu
- Sidrunivinegreti kaste

JUHISED:
a) Eelkuumuta grill keskmisele-kõrgele kuumusele. Maitsesta lambaliha soola, pipra ja oliiviõliga.
b) Grilli lambakarbonaad keskmiselt rariteetseks 3-4 minutit mõlemalt poolt või kuni soovitud küpsus on saavutatud. Laske neil enne serveerimist 5 minutit puhata.
c) Aja kastrulis köögiviljapuljong keema. Segage kuskuss, katke ja eemaldage kuumusest. Lase 5 minutit seista, seejärel aja kahvliga kohevaks.
d) Laota beebispinati lehed serveerimisvaagnale. Kõige peale tõsta keedetud kuskuss.
e) Kuskussi peale aseta grillitud lambakarbonaad. Puista salatile kuivatatud jõhvikad ja murendatud kitsejuust.
f) Nirista peale sidrunivinegretikastmega. Serveeri kohe.

50.Grillitud veiseliha kabob ja kreeka salat

KOOSTISOSAD:
- 1 nael veise välisfilee, lõigatud 1-tollisteks kuubikuteks
- Sool ja pipar maitse järgi
- 2 spl oliiviõli
- 1 punane sibul, viiludeks lõigatud
- 1 punane paprika, lõigatud tükkideks
- 1 roheline paprika, lõigatud tükkideks
- 1 kurk, tükeldatud
- 1 tass kirsstomateid, poolitatud
- 1/2 tassi Kalamata oliive, kivideta
- 1/4 tassi murendatud fetajuustu
- Kreeka kaste

JUHISED:
a) Eelkuumuta grill keskmisele-kõrgele kuumusele. Maitsesta veiselihakuubikud soola, pipra ja oliiviõliga.
b) Lõika veiselihakuubikud varrastele, vaheldumisi punase sibula viilude ja paprikatükkidega.
c) Grilli veiseliha kabobe 8-10 minutit, aeg-ajalt keerates, kuni veiseliha on soovitud küpsuseni küpsenud ja köögiviljad pehmed.
d) Sega suures kausis kuubikuteks lõigatud kurk, poolitatud kirsstomatid, Kalamata oliivid ja murendatud fetajuust.
e) Laota grillitud veiseliha kabobid serveerimisvaagnale. Kõrvale serveeri kreeka salat, niristatud Kreeka kastmega. Nautige!

GRILLI LINNULIHASALATID

51.Tšilli grillitud Kariibi salat

KOOSTISOSAD:
- ¼ tassi Dijoni sinepit
- ¼ tassi mett
- 1½ supilusikatäit suhkrut
- 1 spl seesamiõli
- 1½ supilusikatäit õunasiidri äädikat
- 1½ tl laimimahla
- 2 mõõdukat s Tomatid, tükeldatud
- ½ tassi Hispaania sibulat, tükeldatud
- 2 tl Jalapeno pipart, seemnetest ja
- ;de-ribistatud
- 2 tl koriandrit, peeneks hakitud
- näputäis soola
- 4 kana rinnapoolikut,
- ;kondita ja nahata
- ½ tassi Teriyaki soolvett
- 4 tassi jääsalatit, tükeldatud
- 4 tassi rohelist lehtsalatit, tükeldatud
- 1 tass punast kapsast, tükeldatud
- 1 purk Ananassitükid mahlas, nõrutatud (5,5 untsi purk)
- 10 tortillakrõpsu

JUHISED:
a) Valmista kaste nii, et sega kõik ained elektrimiksriga väikeses anumas. Katke ja jahutage.
b) Valmistage Pico de Gallo, ühendades kõik koostisosad väikeses tassis. Katke ja jahutage.
c) Marineerige kana teriyakis vähemalt 2 tundi. Pange kana kotti ja valage soolveega, seejärel segage see külmikusse.
d) Valmistage grill või soojendage grill. Grillige kana 4–5 minutit mõlemalt poolt või kuni see on valmis.
e) Segage salat ja kapsas omavahel ning jagage rohelised kaheks suureks portsjoniks salatiroogadeks .
f) Jagage pico de gallo ja valage see kahe ühtlase portsjonina rohelistele.
g) Poolita ananass ja määri salatitele.
h) Lõika tortillalaastud suurteks tükkideks ja pritsi pool igale salatile.
i) Segmenteerige grillkana rinnad õhukesteks ribadeks ja laotage pooled ribad igale salatile.
j) Vala kaste 2 väikesesse tassi ja serveeri koos salatitega.

52.Õun Mangosalat grillkanaga

KOOSTISOSAD:
- 2 spl riisiveini äädikat
- 1 spl Värsket murulauku; kuubikuteks lõigatud
- 1 tl värsket ingverit; riivitud
- ½ teelusikatäit soola
- ¼ tl Värskelt jahvatatud pipart
- 1 supilusikatäis päevalilleõli
- ½ teelusikatäit soola
- ¼ tl Värskelt jahvatatud pipart
- ¼ teelusikatäit köömneid
- 1 näputäis jahvatatud punast pipart
- 4 kondita; nahata kana rinnapoolikud
- Köögiviljade keetmissprei
- 8 tassi segatud salatiroheline
- 1 suur mango; kooritud ja segmenteeritud
- 2 Golden Delicious õuna; kooritud, südamik, õhukeselt Segmenteeritud
- ¼ tassi päevalilleseemneid
- Seesami vormileib; (valikuline)

JUHISED:
a) Valmistage ingverivinegrette: segage väikeses tassis äädikas, murulauk, ingver, sool ja pipar; vahusta järk-järgult õli sisse. Teeb ¼ tassi.
b) Sega tassis sool, pipar, köömned ja punane pipar. pritsi kana mõlemale küljele. Kata raske grillpann või malmrest kergelt köögiviljade küpsetusspreiga
c) Kuumuta 1 kuni 2 minutit mõõdukal kõrgel kuumusel
d) Küpseta kana 5–6 minutit mõlemalt poolt, kuni see on keedetud. Liigutage lõikelauale.
e) Sega rohelised, mango ja õunalõigud 3 spl kastmega. Paigutage salat neljale eraldi taldrikule.
f) Tükelda kana ja jaga ühtlaselt roheliste peale; pritsi ülejäänud 1 spl kastet kana peale. piserda igale salatile 1 spl päevalilleseemneid.
g) Serveeri soovi korral seesami vormileivaga.

53.Grillitud kana ja uus kartul

KOOSTISOSAD:
- 2 kondita kanarinda
- 3 supilusikatäit oliiviõli
- 8 väikest Uus kartul, poolitatud
- Soola ja värskelt jahvatatud
- Pipar
- 6 grillitud küüslauguküünt
- Kuus 6-tollist jahutortillat
- ½ tassi Monterey Jacki juustu
- ½ tassi valget Cheddari juustu
- 2 supilusikatäit värsket tüümiani
- 2 spl Taimeõli

JUHISED:
a) Kuumuta grill. Pintselda kanarinda 1 spl oliiviõliga ning maitsesta soola ja pipraga.
b) Grillige rindu mõlemalt poolt 4–5 minutit, võtke välja ja laske puhata.
c) Sega kartulid ülejäänud oliiviõliga ning maitsesta soola ja pipraga. Grilli liha pool allpool 2–3 minutit kuni kuldpruunini, keera ümber ja jätka küpsetamist, kuni see on pehme.
d) Aseta 4 tortillat määrimata ahjuplaadile
e) Määri igale tortillale 2 supilusikatäit igat juustu, 4 kanaliha, 1 küüslauguküünt ja 4 kartulipoolikut. piserdage iga tortilla värske tüümianiga.
f) Lao 2 kihiti s ja kata ülejäänud 2 tortillaga. Pintselda ülemised tortillad taimeõliga ja aseta grillile õlipool allpool.
g) Küpseta ühelt poolt kuldpruuniks, keera ümber ja jätka küpsetamist, kuni juust sulab.
h) Lõika neljaks ja serveeri kohe.

54. Grillitud kana ja kikerhernesalat

KOOSTISOSAD:
- 2 spl hakitud küüslauku
- 2 supilusikatäit värsket ingverit; kooritud ja riivida
- 1 tl Jahvatatud köömned
- ½ teelusikatäit soola
- ¼ teelusikatäit jahvatatud punast pipart
- 4 Naha ja kondita kana rinnapoolikud
- 2 purki (15 untsi) kikerherneid; loputatud ja nõrutatud
- ½ tassi tavalist jogurtit
- ½ tassi hapukoort
- 1 spl karripulbrit
- 1 supilusikatäis sidrunimahla
- ½ teelusikatäit soola
- 1 punane paprika; kuubikuteks lõigatud
- ¼ tassi Placerple sibulat; kuubikuteks lõigatud
- 2 Jalapeno paprikat; külvatud ja hakitud
- 2 supilusikatäit värsket koriandrit; kuubikuteks lõigatud
- 2 spl Värske piparmünt; kuubikuteks lõigatud
- 3 tassi värsket spinatit; rebenenud
- 3 tassi punase otsaga salatit; rebenenud
- 2 spl sidrunimahla
- 1 spl kuuma karriõli

JUHISED:
a) Segage esimesed 5 koostisosa ; pritske kanarindade igale poole.
b) Katke ja jahutage 1 tund
c) Sega omavahel kikerherned ja järgmised 10 koostisosa ; katke ja jahutage. Grilli kaanega kaetud kanaliha mõõdukal kõrgel kuumusel (350° kuni 400°) 5 minutit mõlemalt poolt. Lõika ½ tolli paksusteks segmentideks. Hoida soojas. Sega spinat ja salat suures tassis.
d) Klopi kokku sidrunimahl ja karriõli; piserdage rohelistega ja segage õrnalt.
e) Asetage ühtlaselt 4 portsjonitaldrikule ; peale ühtlaselt kikerhernesalat ja Segmenteeritud kanarind.

55. Grillitud kalkuni- ja jõhvikakinoasalat

KOOSTISOSAD:
- 1 nael kalkunirind, kondita ja nahata
- 1 tass kinoat, loputatud
- 2 tassi kanapuljongit
- 1/2 tassi kuivatatud jõhvikaid
- 1/4 tassi viilutatud mandleid, röstitud
- 4 tassi segatud salatirohelist
- 2 spl oliiviõli
- 1 spl palsamiäädikat
- Sool ja pipar maitse järgi

JUHISED:
a) Eelkuumuta grill keskmisele-kõrgele kuumusele. Maitsesta kalkunirind soola ja pipraga.
b) Grilli kalkunirinda 6-8 minutit mõlemalt poolt või kuni see on läbi küpsenud ja ei ole keskelt enam roosa. Laske enne viilutamist paar minutit puhata.
c) Kuumuta keskmises kastrulis kanapuljong keemiseni. Lisa kinoa, alanda kuumust, kata kaanega ja hauta 15-20 minutit või kuni kinoa on keedetud ja vedelik imendunud. Eemaldage kuumusest ja laske veidi jahtuda.
d) Segage suures kausis keedetud kinoa, kuivatatud jõhvikad ja viilutatud mandlid.
e) Kastme valmistamiseks vispelda väikeses kausis kokku oliiviõli ja palsamiäädikas.
f) Laota serveerimistaldrikutele segatud salatirohelised. Kõige peale viilutatud grillitud kalkunirind ja kinoa segu.
g) Nirista kaste salatile. Serveeri soojalt või toatemperatuuril.

56.Grillitud kana Caesari salat

KOOSTISOSAD:
- 2 kondita, nahata kanarinda
- 1 spl oliiviõli
- Sool ja pipar maitse järgi
- 1 pea Rooma salat, tükeldatud
- 1/4 tassi riivitud parmesani juustu
- 1/2 tassi krutoone
- Caesari kaste (poest ostetud või omatehtud)

JUHISED:
a) Eelkuumuta grill keskmisele-kõrgele kuumusele. Pintselda kana rinnad oliiviõliga ning maitsesta soola ja pipraga.
b) Grilli kanarinda 6-8 minutit mõlemalt poolt või kuni need on läbi küpsenud ja ei ole keskelt enam roosad. Laske neil enne viilutamist paar minutit puhata.
c) Sega suures kausis hakitud rooma salat, riivitud parmesani juust ja krutoonid.
d) Viiluta grillkana rinnad ja laota need salati peale.
e) Nirista Caesari kaste salatile. Viska kokku ja serveeri kohe.

57.Grillitud pardirinna- ja marjasalat

KOOSTISOSAD:
- 2 pardi rinnatükki
- Sool ja pipar maitse järgi
- 4 tassi segatud salatirohelist
- 1 tass värskeid marju (nagu maasikad, vaarikad, mustikad)
- 1/4 tassi röstitud pekanipähklit
- 2 spl palsamiäädikat
- 1 spl mett
- 2 spl oliiviõli

JUHISED:
a) Eelkuumuta grill keskmisele-kõrgele kuumusele. Lõika pardirindade nahk ristikujulise mustriga. Maitsesta soola ja pipraga.
b) Grilli pardirinda, nahk allpool, 5-6 minutit. Pöörake ja grillige veel 3-4 minutit või kuni soovitud küpsuseni. Laske neil enne viilutamist paar minutit puhata.
c) Segage suures kausis segatud salatirohelised, värsked marjad ja röstitud pekanipähklid.
d) Kastme valmistamiseks vispelda väikeses kausis kokku palsamiäädikas, mesi ja oliiviõli.
e) Viiluta grillitud pardirinnad ja laota need salati peale. Nirista üle kastmega ja serveeri kohe.

58. Grillitud sidruniürdi kana ja kuskussi salat

KOOSTISOSAD:
- 2 kondita, nahata kanarinda
- 1 sidruni koor ja mahl
- 2 spl oliiviõli
- 2 küüslauguküünt, hakitud
- 1 tl kuivatatud tüümiani
- Sool ja pipar maitse järgi
- 1 tass kuskussi, keedetud
- 1 tass kirsstomateid, poolitatud
- 1/4 tassi hakitud värsket peterselli
- 1/4 tassi murendatud fetajuustu
- 2 spl viilutatud mandleid, röstitud

JUHISED:
a) Eelkuumuta grill keskmisele-kõrgele kuumusele. Sega väikeses kausis kokku sidrunikoor, sidrunimahl, oliiviõli, hakitud küüslauk, kuivatatud tüümian, sool ja pipar.
b) Pintselda kanarinda sidruniürdimarinaadiga. Grilli kana 6–8 minutit mõlemalt küljelt või kuni see on läbi küpsenud ja ei ole keskelt enam roosa. Laske neil enne viilutamist paar minutit puhata.
c) Sega suures kausis omavahel keedetud kuskuss, poolitatud kirsstomatid, hakitud värske petersell, murendatud fetajuust ja viilutatud mandlid.
d) Viiluta grillkana rinnad ja laota need kuskussisalati peale. Serveeri soojalt või toatemperatuuril.

59.Grillitud kalkuni- ja jõhvikasalat

KOOSTISOSAD:
- 1 nael kalkunirind, õhukeselt viilutatud
- 6 tassi segatud salatirohelist
- 1/2 tassi kuivatatud jõhvikaid
- 1/4 tassi hakitud pekanipähklit, röstitud
- 1/4 tassi murendatud fetajuustu
- 2 spl oliiviõli
- 2 spl palsamiäädikat
- 1 spl mett
- Sool ja pipar maitse järgi

JUHISED:
a) Eelkuumuta grill keskmisele-kõrgele kuumusele. Grilli kalkuni rinnatükke 3-4 minutit mõlemalt poolt või kuni need on läbi küpsenud.
b) Kastme valmistamiseks vispelda väikeses kausis kokku oliiviõli, palsamiäädikas, mesi, sool ja pipar.
c) Laota serveerimisvaagnale segatud salatirohelised. Kõige peale lisa grillitud kalkuniviilud, kuivatatud jõhvikad, röstitud pekanipähklid ja murendatud fetajuust.
d) Nirista kaste salatile. Serveeri kohe.

60.Grillitud pardi ja apelsini salat

KOOSTISOSAD:
- 2 pardi rinnatükki
- 6 tassi segatud salatirohelist
- 2 apelsini, kooritud ja segmenteeritud
- 1/4 tassi röstitud kreeka pähkleid, hakitud
- 2 spl oliiviõli
- 2 spl palsamiäädikat
- Sool ja pipar maitse järgi

JUHISED:
a) Eelkuumuta grill keskmisele-kõrgele kuumusele. Lõika pardirindade nahk peale ning maitsesta soola ja pipraga.
b) Grilli pardi rinnatükke, nahk allpool, 6-8 minutit. Pöörake ja grillige veel 4-6 minutit või kuni soovitud küpsuseni.
c) Lase pardil paar minutit puhata, seejärel viiluta õhukeseks.
d) Kastme valmistamiseks vispelda väikeses kausis kokku oliiviõli, palsamiäädikas, sool ja pipar.
e) Laota serveerimisvaagnale segatud salatirohelised. Kõige peale lisa viilutatud grillpart, apelsinitükid ja röstitud kreeka pähklid.
f) Nirista kaste salatile. Serveeri kohe.

61.Grillitud sidruniürdi kanasalat

KOOSTISOSAD:
- 2 kondita, nahata kanarinda
- 6 tassi segatud salatirohelist
- 1 tass kirsstomateid, poolitatud
- 1/4 tassi viilutatud punast sibulat
- 1/4 tassi murendatud fetajuustu
- 2 spl hakitud värsket peterselli
- 1 sidruni mahl
- 2 spl oliiviõli
- 1 küüslauguküüs, hakitud
- Sool ja pipar maitse järgi

JUHISED:
a) Eelkuumuta grill keskmisele-kõrgele kuumusele. Maitsesta kanarinnad soola, pipra ja hakitud värske peterselliga.
b) Grilli kanarinda 6-8 minutit mõlemalt poolt või kuni need on läbi küpsenud ja ei ole keskelt enam roosad.
c) Lase kanal paar minutit puhata, seejärel viiluta õhukeseks.
d) Kastme valmistamiseks vispelda väikeses kausis kokku sidrunimahl, oliiviõli, hakitud küüslauk, sool ja pipar.
e) Laota serveerimisvaagnale segatud salatirohelised. Tõsta peale tükeldatud grillkana, kirsstomatid, viilutatud punane sibul ja murendatud fetajuust.
f) Nirista kaste salatile. Serveeri kohe.

GRILLI PASTA SALATID

62. Grillitud Veggie Fusilli pastasalat

KOOSTISOSAD:
PASTA SALAT
- 1 nael fusilli
- 2 tassi kuubikuteks lõigatud grillitud punast ja kollast paprikat
- 2 tassi poolitatud kirsstomateid
- 2 tassi tükeldatud grillitud sibulat
- 2 tassi punase veini vinegretti

PUNAVEINIVIINIGRETT
- 1 tass ekstra neitsioliiviõli
- ⅓ punase veini äädikat
- 2 spl vett
- 4 küüslauguküünt, peeneks riivitud
- 2 tl Dijoni sinepit
- 2 tl kuivatatud pune
- 2 tl granuleeritud sibulat
- 1 näputäis purustatud tšillihelbeid
- 2 tl koššersoola
- 1 tl värskelt jahvatatud musta pipart
- 2 supilusikatäit mett

JUHISED:
PUNAVEINIVIINIGRETT:
a) Kombineerige kõik koostisosad tihedalt suletava kaanega anumas.
b) Loksutage korralikult ja hoidke vajaduseni külmkapis.

PASTA SALAT
c) Valmista pasta vastavalt pakendil olevale juhisele.
d) Pärast keetmist kurna fusillid ja jahuta küpsemise peatamiseks külmas vees.
e) Tõsta pasta suurde kaussi ja sega hulka ülejäänud koostisosad.
f) Segage hoolikalt, seejärel laske üleöö.

63. Grillitud köögivilja- ja pestopasta salat

KOOSTISOSAD:
- 2 tassi fusilli pastat, keedetud ja jahutatud
- 1 suvikõrvits, viilutatud
- 1 punane paprika, viilutatud
- 1 kollane paprika, viilutatud
- 1 tass kirsstomateid, poolitatud
- 1/2 tassi punast sibulat, õhukeselt viilutatud
- 1/4 tassi pesto kastet
- 2 spl oliiviõli
- Sool ja pipar maitse järgi
- Kaunistuseks riivitud Parmesani juust

JUHISED:
a) Viska suvikõrvits, punane ja kollane paprika oliiviõli, soola ja pipraga läbi.
b) Grilli köögivilju, kuni neil on grillijäljed ja need on pehmed.
c) Segage suures kausis pasta, grillitud köögiviljad, kirsstomatid ja punane sibul.
d) Lisa pestokaste ja sega ühtlase kattekihini.
e) Kaunista riivitud parmesani juustuga.
f) Enne serveerimist hoia vähemalt 1 tund külmkapis.

64.Grillitud kana Caesari pasta salat

KOOSTISOSAD:
- 2 tassi penne pasta, keedetud ja jahutatud
- 1 nael kanarind, grillitud ja viilutatud
- 1 tass kirsstomateid, poolitatud
- 1/2 tassi musti oliive, viilutatud
- 1/4 tassi punast sibulat, peeneks hakitud
- 1/2 tassi Caesari kastet
- 1/4 tassi riivitud parmesani juustu
- Kaunistuseks värske petersell

JUHISED:
a) Grilli kanarinda, kuni see on täielikult keedetud, seejärel viiluta.
b) Segage suures kausis pasta, grillkana, kirsstomatid, mustad oliivid ja punane sibul.
c) Lisa Caesari kaste ja sega, kuni see on hästi segunenud.
d) Puista peale riivitud parmesani juustu ja kaunista värske peterselliga.
e) Enne serveerimist hoia vähemalt 1 tund külmkapis.

65.Grillitud krevettide ja avokaado pasta salat

KOOSTISOSAD:
- 2 tassi rotini pasta, keedetud ja jahutatud
- 1 nael suured krevetid, grillitud
- 1 avokaado, tükeldatud
- 1 tass kirsstomateid, poolitatud
- 1/4 tassi punast sibulat, peeneks hakitud
- 1/4 tassi koriandrit, tükeldatud
- 2 laimi mahl
- 2 spl oliiviõli
- Sool ja pipar maitse järgi

JUHISED:
a) Grillige krevette, kuni need on läbipaistmatud ja neil on grillimisjäljed.
b) Segage suures kausis pasta, grillitud krevetid, tükeldatud avokaado, kirsstomatid, punane sibul ja koriander.
c) Nirista peale laimimahla ja oliiviõli, seejärel maitsesta soola ja pipraga.
d) Viska, kuni see on hästi segunenud.
e) Enne serveerimist hoia vähemalt 1 tund külmkapis.

66.Grillitud suvine köögivilja- ja fetapasta salat

KOOSTISOSAD:
- 2 tassi farfalle pastat, keedetud ja jahutatud
- 1 baklažaan, viilutatud
- 2 suvikõrvitsat, viilutatud
- 1 tass kirsstomateid, poolitatud
- 1/2 tassi murendatud fetajuustu
- 1/4 tassi värsket basiilikut, hakitud
- 3 spl balsamico vinegretti
- Sool ja pipar maitse järgi

JUHISED:
a) Viska baklažaani- ja suvikõrvitsaviilud oliiviõli, soola ja pipraga.
b) Grilli köögivilju, kuni neil on grillijäljed ja need on pehmed.
c) Segage suures kausis pasta, grillitud köögiviljad, kirsstomatid, fetajuust ja värske basiilik.
d) Nirista peale balsamico vinegretti ja sega, kuni see on hästi kaetud.
e) Enne serveerimist hoia vähemalt 1 tund külmkapis.

67.Grillitud maisi ja musta oa pasta salat

KOOSTISOSAD:
- 2 tassi kikipastat, keedetud ja jahutatud
- 2 maisikõrvad, grillitud ja tuumad eemaldatud
- 1 purk (15 untsi) musti ube, loputatud ja nõrutatud
- 1 punane paprika, tükeldatud
- 1/4 tassi punast sibulat, peeneks hakitud
- 1/4 tassi värsket koriandrit, hakitud
- 2 laimi mahl
- 3 supilusikatäit oliiviõli
- 1 tl köömneid
- Sool ja pipar maitse järgi

JUHISED:
a) Grillige maisi, kuni tuumad on kenasti söestunud, seejärel eemaldage tuumad.
b) Segage suures kausis pasta, grillitud mais, mustad oad, punane paprika, punane sibul ja koriander.
c) Vahusta väikeses kausis laimimahl, oliiviõli, köömned, sool ja pipar.
d) Vala kaste pastasegule ja sega, kuni see on hästi segunenud.
e) Enne serveerimist hoia vähemalt 1 tund külmkapis.

68. Grillitud kana ja pesto tortellini salat

KOOSTISOSAD:
- 2 tassi kolmevärvilist tortellinit, keedetud ja jahutatud
- 1 nael grillitud kanarind, viilutatud
- 1 tass kirsstomateid, poolitatud
- 1/2 tassi röstitud punast paprikat, tükeldatud
- 1/4 tassi piiniaseemneid, röstitud
- 1/2 tassi värskeid mozzarella palle
- 1/3 tassi basiiliku pestot
- 3 supilusikatäit ekstra neitsioliiviõli
- Sool ja pipar maitse järgi

JUHISED:
a) Sega suures kausis kokku tortellini, grillkana, kirsstomatid, röstitud punased paprikad, piiniapähklid ja mozzarellapallid.
b) Vispelda väikeses kausis basiilikupesto ja oliiviõli.
c) Vala kaste pastasegule ja sega, kuni see on hästi kaetud.
d) Maitsesta soola ja pipraga maitse järgi.
e) Enne serveerimist hoia vähemalt 1 tund külmkapis.

69. Grillitud köögivilja- ja feta-orzo salat

KOOSTISOSAD:
- 2 tassi orzo pasta, keedetud ja jahutatud
- 1 suvikõrvits, viilutatud ja grillitud
- 1 punane paprika, grillitud ja tükeldatud
- 1 kollane paprika, grillitud ja tükeldatud
- 1/2 tassi punast sibulat, grillitud ja peeneks hakitud
- 1/2 tassi murendatud fetajuustu
- 1/4 tassi värsket basiilikut, hakitud
- 3 spl balsamico vinegretti
- Sool ja pipar maitse järgi

JUHISED:
a) Grilli suvikõrvitsat, punast paprikat ja punast sibulat, kuni neil on grillimisjäljed.
b) Segage suures kausis orzo pasta, grillitud köögiviljad, fetajuust ja värske basiilik.
c) Nirista peale balsamico vinegretti ja viska, kuni see on hästi segunenud.
d) Maitsesta soola ja pipraga maitse järgi.
e) Enne serveerimist hoia vähemalt 1 tund külmkapis.

70.Grillitud tofu ja seesami nuudli salat

KOOSTISOSAD:
- 2 tassi soba nuudleid, keedetud ja jahutatud
- 1 plokk eriti kõva tofu, grillitud ja kuubikuteks lõigatud
- 1 tass kirssherneid, blanšeeritud ja viilutatud
- 1/2 tassi hakitud porgandit
- 1/4 tassi rohelist sibulat, hakitud
- 2 spl seesamiseemneid, röstitud
- 1/3 tassi sojakastet
- 2 spl seesamiõli
- 1 spl riisiäädikat
- 1 spl mett

JUHISED:
a) Grilli tofut, kuni sellel on grillimisjäljed, seejärel lõika kuubikuteks.
b) Segage suures kausis soba-nuudlid, grillitud tofu, herned, hakitud porgand, roheline sibul ja seesamiseemned.
c) Sega väikeses kausis kokku sojakaste, seesamiõli, riisiäädikas ja mesi.
d) Valage kaste nuudlisegule ja segage, kuni see on hästi kaetud.
e) Enne serveerimist hoia vähemalt 1 tund külmkapis.

71.Grillitud mõõkkala ja orzo salat

KOOSTISOSAD:
- 2 tassi orzo pasta, keedetud ja jahutatud
- 1 naelane mõõkkala praad, grillitud ja helvestatud
- 1 tass kirsstomateid, poolitatud
- 1/2 tassi kurki, tükeldatud
- 1/4 tassi Kalamata oliive, viilutatud
- 1/4 tassi punast sibulat, peeneks hakitud
- 1/2 tassi murendatud fetajuustu
- 1/3 tassi Kreeka kastet
- Kaunistuseks värske pune
- Sool ja pipar maitse järgi

JUHISED:
a) Grillige mõõkkala steiki, kuni see on täielikult keedetud, seejärel helbed.
b) Sega suures kausis kokku orzo pasta, grillitud mõõkkala, kirsstomatid, kurk, Kalamata oliivid, punane sibul ja fetajuust.
c) Lisa Kreeka kaste ja sega, kuni see on hästi segunenud.
d) Kaunista värske oreganoga.
e) Enne serveerimist hoia vähemalt 1 tund külmkapis.

72.Grillitud kammkarbi ja sparglipasta salat

KOOSTISOSAD:
- 2 tassi kikipastat, keedetud ja jahutatud
- 1 nael kammkarbid, grillitud
- 1 tass sparglit, grillitud ja tükeldatud
- 1/4 tassi päikesekuivatatud tomateid, tükeldatud
- 1/4 tassi värsket basiilikut, hakitud
- 3 supilusikatäit ekstra neitsioliiviõli
- 2 sidruni mahl
- Sool ja pipar maitse järgi

JUHISED:
a) Grilli kammkarpe, kuni neil on grillimisjäljed.
b) Grilli spargel pehmeks ja tükelda suupärasteks tükkideks.
c) Segage suures kausis pasta, grillitud kammkarbid, grillitud spargel, päikesekuivatatud tomatid ja värske basiilik.
d) Vispelda väikeses kausis oliiviõli ja sidrunimahl.
e) Vala kaste pastasegule ja sega, kuni see on hästi segunenud.
f) Maitsesta soola ja pipraga maitse järgi.
g) Enne serveerimist hoia vähemalt 1 tund külmkapis.

GRILLI KALA JA MEREANDIDE SALATID

73.Grillitud estragoni tuunikala salat

KOOSTISOSAD:
- 1/2 tassi heledat vinegretti või Itaalia salatikastet
- 1 tl. värske hakitud estragon
- 4 (igaüks 6 untsi) värsket tuunikala pihvi, lõigatud 1/2–3/4 tolli paksuseks
- 8 tassi (8 untsi) salatirohelist
- 1 tass tomateid (pisar, viinamari või kirss)
- 1/2 tassi kollaseid paprika ribasid
- 1–3/4 tassi (7 untsi) hakitud Mozzarella ja Asiago juustu röstitud küüslauguga, jagatud

JUHISED:
a) Kombineeri salatikaste ja estragon. Lusikatäis 2 spl kastet tuunikala pihvedele.
b) Grilli tuunikala keskmise tugevusega sütel 2 minutit mõlemalt poolt või kuni see on väljast kõrbenud, kuid keskelt siiski väga roosakas. Sitkumise vältimiseks vältige üleküpsetamist.
c) Kombineerige suures kausis salatirohelised, tomatid, paprika ribad ja 1 tass juustu.
d) Lisa ülejäänud kastmesegu; viska hästi.
e) Tõsta serveerimistaldrikutele, raputa peale tuunikala ja puista peale ülejäänud juust. Serveeri pipraga.

74.Grillitud tuunikala Nicoise salat

KOOSTISOSAD:
- 2 spl šampanjaäädikat
- 1 spl hakitud estragoni
- 1 tl Dijoni sinepit
- 1 väike šalottsibul, peeneks hakitud
- 1/2 tl peent meresoola
- 1/4 tl jahvatatud musta pipart
- 1/4 tassi oliiviõli
- 1 (1 nael) värske või külmutatud ja sulatatud tuunikala praad
- Oliiviõli küpsetussprei
- 1 1/2 naela väikesed uued kartulid, keedetud pehmeks ja jahutatud
- 1/2 naela rohelisi ube, kärbitud, keedetud pehmeks ja jahutatud
- 1 tass poolitatud kirsstomateid
- 1/2 tassi kivideta Nicoise oliive
- 1/2 tassi õhukeselt viilutatud punast sibulat
- 1 kõvaks keedetud muna, kooritud ja viiludeks lõigatud (valikuline)

JUHISED:
a) Vahusta äädikas, estragon, Dijon, šalottsibul, sool ja pipar. Vispelda aeglaselt oliiviõliga vinegreti valmistamiseks.
b) Nirista 2 supilusikatäit vinegretti tuunikala pihvedele, katke kaanega ja jahutage 30 minutit.
c) Pihustage grill küpsetusspreiga ja eelsoojendage keskmisele kuumusele. Grilli tuunikala soovitud küpsuseni (5–7 minutit mõlemalt poolt).
d) Lõika tuunikala suurteks tükkideks. Asetage suurele vaagnale tuunikala, kartul, rohelised oad, tomatid, oliivid, sibul ja muna. Serveeri koos ülejäänud vinegretiga.

75. Lehtsalati ja grillitud tuunikalasalat

KOOSTISOSAD:
LEEMIVIINIGRETT:
- 6 spl laimimahla
- 1,5 spl valge veini äädikat
- 3 spl oliiviõli
- 2 spl vähendatud naatriumisisaldusega sojakastet
- Sool ja värskelt jahvatatud must pipar

tuunikala:
- 4 tuunikala steiki (igaüks 4–5 untsi)
- Mittenakkuv toiduvalmistamissprei

ROHELINE SALAT:
- 8 tassi segatud Bibbi ja Rooma salatit
- 6 suurt nööbikeseent (viilutatud)
- 1/4 tassi viilutatud talisibul
- 1 suur tomat (viiludeks lõigatud)
- 1 purk musti ube (loputatud ja nõrutatud, külm)

JUHISED:
a) Valmistage soja-laimi vinegrett, vahustades laimimahla, äädikat, oliiviõli, sojakastet, soola ja pipart.
b) Pihustage grillresti mittenakkuva küpsetuspreiga ja eelsoojendage keskmisele kõrgele. Maitsesta tuunikala soola ja pipraga.
c) Grilli tuunikala 4-5 minutit mõlemalt poolt. Viiluta tuunikala ribadeks.
d) Sega kausis tuunikala, seened, talisibul ja muud köögiviljad poole vinegrettiga.
e) Eraldi salatikaussi visake salat ülejäänud vinegretiga. Laota peale tuunikala ja köögiviljasegu.
f) Valikuline: puista peale hakitud koriandrit. See salat sarnaneb Black-eyed Peaga, mida serveeritakse midagi sellist.

76.Pasta salat grillitud tuunikala ja tomatitega

KOOSTISOSAD:
- 8 ploomtomatit, kokku umbes 1 1/4 naela, pikuti poolitatud
- 2 spl. pluss 1/2 tassi oliiviõli
- Sool ja värskelt jahvatatud pipar, maitse järgi
- 1 nael pastakoored
- 2 naela tuunikala filee, igaüks umbes 3/4 tolli paksune
- 1 tass lahtiselt pakitud värskeid basiilikulehti
- 3 spl. punase veini äädikas
- 1 nael värsket mozzarella juustu, peeneks tükeldatud
- 1/4 tassi hakitud värsket lamedate lehtedega peterselli

JUHISED:
a) Kuumuta ahi 450 ° F-ni. Valmistage grillis kuum tuli.
b) Asetage tomatid küpsetusplaadile ja segage 1 spl. oliiviõlist. Laota need, lõikeküljed ülespoole, lehele ja maitsesta soolaga. Rösti kuni pehme, umbes 20 minutit. Lase jahtuda, seejärel lõika risti pooleks.
c) Samal ajal lase suur pott, mis on kolm neljandikku täis soolaga maitsestatud vett, kõrgel kuumusel keema. Lisa pasta ja küpseta kuni al dente (õrn, kuid hammustuse suhtes kõva), umbes 10 minutit. Nõruta, loputa külma jooksva vee all ja nõruta uuesti. Kõrvale panema.
d) Pintselda tuunikalafileed mõlemalt poolt 1 spl. õlist. Maitsesta hästi soola ja pipraga. Asetage grillrestile 4–6 tolli tule kohal ja grillige, kuni see on kergelt pruunistunud, umbes 3 minutit. Pöörake ja küpseta keskmisel kuumusel veel 3–4 minutit või kuni see on teie maitse järgi valmis. Tõsta lõikelauale, lase jahtuda ja lõika 3/4-tollisteks kuubikuteks.
e) Sega köögikombainis või blenderis basiilikulehed ja ülejäänud 1/2 tassi õli. Pull või blenderda, kuni see on hakitud jämedaks püreeks. Lisa äädikas ning maitsesta soola ja pipraga. Pulseerige või segage kuni segunemiseni.
f) Segage suures kausis pasta, tomatid ja kogunenud mahlad, tuunikala, mozzarella, petersell ja basiilikukaste.
g) Viska õrnalt läbi ja serveeri.

77. Grillitud lõhesalat sidruni-tilli kastmega

KOOSTISOSAD:
- 2 lõhefileed
- 6 tassi segatud salatirohelist
- 1 kurk, viilutatud
- 1/2 punast sibulat, õhukeselt viilutatud
- 1/4 tassi hakitud värsket tilli
- 1 sidrun, viilutatud
- Sool ja pipar maitse järgi
- Kaste jaoks:
- 1/4 tassi oliiviõli
- 1 sidruni mahl
- 2 spl hakitud värsket tilli
- 1 tl Dijoni sinepit
- Sool ja pipar maitse järgi

JUHISED:
a) Eelkuumuta grill keskmisele-kõrgele kuumusele. Maitsesta lõhefileed soola, pipra ja hakitud värske tilliga.
b) Grilli lõhefileed 4-5 minutit mõlemalt poolt või kuni need on läbiküpsenud ja helbelised.
c) Kastme valmistamiseks vispelda väikeses kausis oliiviõli, sidrunimahl, hakitud värske till, Dijoni sinep, sool ja pipar.
d) Laota serveerimistaldrikutele segatud salatiroheline, viilutatud kurk ja õhukeselt viilutatud punane sibul.
e) Kõige peale tõsta grillitud lõhefileed ja sidruniviilud.
f) Nirista kaste salatile. Serveeri kohe.

78. Grillitud krevettide Caesari salat

KOOSTISOSAD:
- 1 nael suured krevetid, kooritud ja tükeldatud
- 6 tassi hakitud Rooma salatit
- 1/2 tassi krutoone
- 1/4 tassi riivitud parmesani juustu
- Caesari kaste
- Sool ja pipar maitse järgi

JUHISED:
a) Eelkuumuta grill keskmisel-kõrgel kuumusel. Tõsta krevetid varrastele ning maitsesta soola ja pipraga.
b) Grillige krevetivardaid 2–3 minutit mõlemalt poolt või kuni krevetid on roosad ja läbipaistmatud.
c) Viska suures kausis hakitud Rooma salat Caesari kastmega, kuni see on ühtlaselt kaetud.
d) Jaga valmis salat serveerimistaldrikutele. Kõige peale lisa grillitud krevetid, krutoonid ja riivitud parmesani juust.
e) Serveeri kohe maitsva ja rahuldava grillitud krevettide Caesari salatina.

79. Grillitud kammkarbi ja avokaado salat

KOOSTISOSAD:
- 1 naela kammkarbid, loputatud ja kuivaks patsutatud
- 6 tassi segatud salatirohelist
- 1 avokaado, viilutatud
- 1/4 tassi viilutatud punast sibulat
- 1/4 tassi hakitud värsket koriandrit
- 2 laimi mahl
- 2 spl oliiviõli
- Sool ja pipar maitse järgi

JUHISED:
a) Eelkuumuta grill keskmisele-kõrgele kuumusele. Maitsesta kammkarbid soola ja pipraga.
b) Grilli kammkarpe 2–3 minutit mõlemalt poolt või kuni need on läbiküpsenud ja läbipaistmatud.
c) Kastme valmistamiseks vispelda väikeses kausis laimimahl, oliiviõli, sool ja pipar.
d) Laota serveerimistaldrikutele segatud salatirohelised. Kõige peale lisa grillitud kammkarbid, viilutatud avokaado, viilutatud punane sibul ja hakitud värske koriander.
e) Nirista kaste salatile. Serveeri kohe.

80. Grillitud mõõkkala ja Vahemere salat

KOOSTISOSAD:
- 2 mõõkkala steiki
- 6 tassi segatud salatirohelist
- 1 tass kirsstomateid, poolitatud
- 1/2 inglise kurki, viilutatud
- 1/4 tassi viilutatud punast sibulat
- 1/4 tassi Kalamata oliive, kivideta
- 1/4 tassi murendatud fetajuustu
- Kaste jaoks:
- 1/4 tassi ekstra neitsioliiviõli
- 2 spl punase veini äädikat
- 1 tl kuivatatud pune
- Sool ja pipar maitse järgi

JUHISED:
a) Eelkuumuta grill keskmisele-kõrgele kuumusele. Maitsesta mõõkkala steigid soola ja pipraga.
b) Grillige mõõkkala pihve 4–5 minutit mõlemalt poolt või kuni need on läbi küpsenud ja läbipaistmatud.
c) Kastme valmistamiseks vahustage väikeses kausis ekstra neitsioliiviõli, punase veini äädikas, kuivatatud pune, sool ja pipar.
d) Laota serveerimistaldrikutele segasalatiroheline, poolitatud kirsstomatid, viilutatud kurk, viilutatud punane sibul ja Kalamata oliivid.
e) Kõige peale tõsta grillitud mõõkkala steigid ja murendatud fetajuust.
f) Nirista kaste salatile. Serveeri kohe.

81.Grillitud tuunikalasalat mangokastega

KOOSTISOSAD:
- 2 tuunikala steiki
- 6 tassi segatud salatirohelist
- 1 mango, kooritud, kivideta ja kuubikuteks lõigatud
- 1/2 punast paprikat, tükeldatud
- 1/4 tassi kuubikuteks lõigatud punast sibulat
- 2 supilusikatäit hakitud värsket koriandrit
- 1 laimi mahl
- 1 spl oliiviõli
- Sool ja pipar maitse järgi

JUHISED:
a) Eelkuumuta grill keskmisele-kõrgele kuumusele. Maitsesta tuunikalapihvid soola ja pipraga.
b) Grilli tuunikala pihve 2–3 minutit mõlemalt küljelt või seni, kuni see on väljast kõrbenud, kuid keskelt siiski roosa.
c) Kaste valmistamiseks sega kausis tükeldatud mango, kuubikuteks lõigatud punane paprika, kuubikuteks lõigatud punane sibul, hakitud värske koriander, laimimahl, oliiviõli, sool ja pipar.
d) Laota serveerimistaldrikutele segatud salatirohelised. Kõige peale tõsta grillitud tuunikala pihvid ja mangokaste.
e) Serveeri kohe, soovi korral kaunista veel koriandriga.

82.Grillitud hiidlesti salat tsitruselise vinegretiga

KOOSTISOSAD:
- 2 hiidlesta fileed
- 6 tassi segatud salatirohelist
- 1 apelsin, kooritud ja segmenteeritud
- 1 greip, kooritud ja segmenteeritud
- 1/4 tassi viilutatud mandleid, röstitud
- Tsitrusviinagreti jaoks:
- 1 sidruni mahl
- 1 laimi mahl
- 2 supilusikatäit mett
- 1/4 tassi ekstra neitsioliiviõli
- Sool ja pipar maitse järgi

JUHISED:
a) Eelkuumuta grill keskmisele-kõrgele kuumusele. Maitsesta hiidlesta fileed soola ja pipraga.
b) Grilli hiidlestafileed 3-4 minutit mõlemalt poolt või kuni need on läbiküpsenud ja helbelised.
c) Segage väikeses kausis sidrunimahl, laimimahl, mesi, ekstra neitsioliiviõli, sool ja pipar tsitrusviljade vinegreti valmistamiseks.
d) Laota serveerimistaldrikutele segatud salatirohelised. Kõige peale lisa grillitud hiidlesta filee, apelsinitükid, greibitükid ja röstitud viilutatud mandlid.
e) Nirista tsitruseliste vinegrett salatile. Serveeri kohe.

83. Grillitud mereandide salat

KOOSTISOSAD:
- 1 nael segatud mereande (krevetid, kammkarbid, kalmaar), puhastatud
- 6 tassi segatud salatirohelist
- 1/2 kurki, julieneeritud
- 1 porgand, julieneeritud
- 1/4 tassi hakitud maapähkleid, röstitud

TAI MAAPÄHKLIKASTUSE KOHTA:
- 1/4 tassi kreemjat maapähklivõid
- 2 spl sojakastet
- 2 spl riisiäädikat
- 1 spl mett
- 1 spl laimimahla
- 1 küüslauguküüs, hakitud
- 1 tl riivitud ingverit
- 1/4 tassi vett (või rohkem vastavalt vajadusele)
- Sool ja pipar maitse järgi

JUHISED:
a) Eelkuumuta grill keskmisele-kõrgele kuumusele. Maitsesta segatud mereannid soola ja pipraga.
b) Grilli segatud mereande 2–3 minutit mõlemalt poolt või kuni need on läbi küpsenud.
c) Sega segistis või köögikombainis kreemjas maapähklivõi, sojakaste, riisiäädikas, mesi, laimimahl, hakitud küüslauk, riivitud ingver, vesi, sool ja pipar. Blenderda ühtlaseks massiks, lisades vajadusel veel vett, et saavutada soovitud konsistents.
d) Aseta serveerimistaldrikutele segatud salatiroheline, julieneeritud kurk ja julieneeritud porgand. Kõige peale tõsta grillitud mereande ja hakitud maapähkleid.
e) Nirista Tai maapähklikastet salatile. Serveeri kohe.

GRILLJUUST JA PIIMASALATID

84.Grillitud Halloumi salat köögiviljadega

KOOSTISOSAD:
- 1 plokk halloumi juustu, viilutatud
- 2 paprikat (punane ja kollane), viilutatud
- 1 suvikõrvits, viilutatud
- 1 punane sibul, viilutatud
- 2 spl oliiviõli
- Sool ja pipar maitse järgi
- Segatud salatiroheline
- Kirsstomatid, poolitatud
- Kalamata oliivid, kivideta
- Balsamico glasuur, niristamiseks

JUHISED:
a) Eelkuumuta grill keskmisele-kõrgele kuumusele. Pintselda halloumi juustu viilud, paprika, suvikõrvits ja punane sibul oliiviõliga. Maitsesta soola ja pipraga.
b) Grilli halloumi juustu viile ja köögivilju 3-4 minutit mõlemalt poolt või kuni grillijäljed ilmuvad ja köögiviljad on pehmed.
c) Asetage serveerimisvaagnale segatud salatirohelised, kirsstomatid ja Kalamata oliivid.
d) Kata salat grillitud halloumi juustuviilude ja köögiviljadega.
e) Enne serveerimist nirista peale balsamico glasuur.

85. Grillitud virsiku ja burrata salat

KOOSTISOSAD:
- 2 küpset virsikut poolitatuna ja kivideta
- 1 spl oliiviõli
- 4 tassi rukolat
- 1/4 tassi röstitud seedermänni pähkleid
- 1/4 tassi värskeid basiiliku lehti
- 1 burrata juustupall
- Balsamico glasuur, niristamiseks
- Sool ja pipar maitse järgi

JUHISED:
a) Eelkuumuta grill keskmisele-kõrgele kuumusele. Pintselda virsikupoolikud oliiviõliga.
b) Grilli virsikupoolikuid 2-3 minutit mõlemalt poolt või kuni grillijäljed ilmuvad ja virsikud on pehmenenud.
c) Laota rukola serveerimisvaagnale. Kõige peale tõsta grillitud virsikupoolikud.
d) Rebi burrata juustupall tükkideks ja puista salatile.
e) Puista peale röstitud piiniaseemneid ja värskeid basiilikulehti.
f) Enne serveerimist nirista peale balsamico glasuur ning maitsesta soola ja pipraga.

86. Grillitud köögivilja- ja fetajuustu salat

KOOSTISOSAD:
- Erinevad köögiviljad (nt paprika, suvikõrvits, baklažaan), viilutatud
- 2 spl oliiviõli
- Sool ja pipar maitse järgi
- Segatud salatiroheline
- 1/2 tassi murendatud fetajuustu
- Sidrunivinegreti kaste

JUHISED:
a) Eelkuumuta grill keskmisele-kõrgele kuumusele. Pintselda viilutatud köögivilju oliiviõliga ning maitsesta soola ja pipraga.
b) Grilli köögivilju 3-4 minutit mõlemalt poolt või kuni need on pehmed ja kergelt söestunud.
c) Laota serveerimisvaagnale segatud salatirohelised. Kõige peale pane grillitud juurviljad.
d) Puista salatile murendatud fetajuust.
e) Enne serveerimist nirista peale sidrunivinegretikastmega.

87.Grillitud Paneer ja Mango salat

KOOSTISOSAD:
- 1 plokk paneer juustu, lõigatud kuubikuteks
- 1 küps mango, kooritud ja kuubikuteks lõigatud
- 2 tassi beebispinati lehti
- 1/4 tassi hakitud värsket koriandrit
- 2 spl oliivõli
- 1 laimi mahl
- Sool ja pipar maitse järgi

JUHISED:
a) Eelkuumuta grill keskmisele-kõrgele kuumusele. Keera paneelikuubikud varrastele.
b) Grilli paneervardaid 3-4 minutit mõlemalt poolt või kuni grilli jäljed ilmuvad ja paneer on läbi kuumenenud.
c) Segage suures kausis tükeldatud mango, beebispinati lehed ja hakitud värske koriander.
d) Nirista peale oliivõli ja laimimahla. Maitsesta soola ja pipraga ning sega ühtlaseks.
e) Enne serveerimist laota salatile grillitud paneerikuubikud.

88.Grillitud kitsejuustu ja peedisalat

KOOSTISOSAD:
- 4 keskmise suurusega peeti, keedetud ja viilutatud
- 4 untsi kitsejuustu, viilutatud ringideks
- Segatud salatiroheline
- 1/4 tassi hakitud kreeka pähkleid, röstitud
- Balsamico glasuur, niristamiseks
- Sool ja pipar maitse järgi

JUHISED:
a) Eelkuumuta grill keskmisele-kõrgele kuumusele. Pintselda kitsejuustutükke kergelt oliiviõliga.
b) Grilli kitsejuustu vorme 1-2 minutit mõlemalt poolt või kuni ilmuvad kergelt kuldsed ja grillimisjäljed.
c) Laota serveerimistaldrikutele segatud salatirohelised. Kõige peale tõsta viilutatud keedetud peet ja grillitud kitsejuustutükid.
d) Puista peale hakitud röstitud kreeka pähkleid ja nirista peale balsamico glasuur.
e) Enne serveerimist maitsesta soola ja pipraga.

89.Grillitud sinihallitusjuustu ja pirni salat

KOOSTISOSAD:
- 2 küpset pirni, poolitatud ja südamik
- 4 untsi sinihallitusjuustu, purustatud
- Segatud salatiroheline
- 1/4 tassi hakitud pekanipähklit, röstitud
- Kallis, tilgutamiseks
- Sool ja pipar maitse järgi

JUHISED:
a) Eelkuumuta grill keskmisele-kõrgele kuumusele. Pintselda pirnipoolikud kergelt oliiviõliga.
b) Grilli pirnipoolikuid 3-4 minutit mõlemalt poolt või kuni grillimisjäljed ilmuvad ja pirnid on pehmenenud.
c) Laota serveerimistaldrikutele segatud salatirohelised. Kõige peale tõsta grillitud pirnipoolikud ja murendatud sinihallitusjuust.
d) Puista peale hakitud röstitud pekanipähklid ja nirista peale mett.
e) Enne serveerimist maitsesta soola ja pipraga.

90.Grillitud Ricotta ja tomati salat

KOOSTISOSAD:
- 8 untsi ricotta juustu
- 2 suurt tomatit, viilutatud
- 2 spl oliiviõli
- Värsked basiiliku lehed
- Balsamico glasuur, niristamiseks
- Sool ja pipar maitse järgi

JUHISED:
a) Eelkuumuta grill keskmisele-kõrgele kuumusele. Pintselda tomativiilud oliiviõliga ning maitsesta soola ja pipraga.
b) Grilli tomativiile 2–3 minutit mõlemalt poolt või kuni need on kergelt söestunud ja pehmenenud.
c) Grilli ricotta juustu 2-3 minutit mõlemalt poolt või kuni ilmuvad grilli jäljed ja juust on läbi kuumenenud.
d) Laota grillitud tomativiilud ja ricotta juust serveerimisvaagnale.
e) Kaunista värskete basiilikulehtedega ja nirista peale balsamico glasuur.
f) Enne serveerimist maitsesta soola ja pipraga.

91.Grillitud mozzarella ja baklažaani salat

KOOSTISOSAD:
- 1 suur baklažaan, viilutatud
- 8 untsi värsket mozzarella juustu, viilutatud
- Segatud salatiroheline
- Kirsstomatid, poolitatud
- Balsamico glasuur, niristamiseks
- Värsked basiiliku lehed
- Sool ja pipar maitse järgi

JUHISED:
a) Eelkuumuta grill keskmisele-kõrgele kuumusele. Pintselda baklažaaniviilud kergelt oliiviõliga ning maitsesta soola ja pipraga.
b) Grilli baklažaaniviile 3–4 minutit mõlemalt poolt või kuni need on pehmed ja grillimisjäljed ilmuvad.
c) Grilli värskeid mozzarellaviile 1-2 minutit mõlemalt poolt või kuni need on kergelt kuldsed ja grillimisjäljed ilmuvad.
d) Laota serveerimistaldrikutele segatud salatirohelised. Kõige peale tõsta grillitud baklažaaniviilud ja grillitud mozzarellaviilud.
e) Lisa kirsstomati poolikud ja värsked basiilikulehed.
f) Enne serveerimist nirista peale balsamico glasuur ning maitsesta soola ja pipraga.

GRILLI TOFU JA TAIMSALATID

92.Grillitud sidruni-basiiliku tofu salat

KOOSTISOSAD:

- ⅓ tassi peeneks hakitud värsket basiilikut
- 2 supilusikatäit vürtsikat dijoni sinepit
- 1 supilusikatäis mett, vahtrasiirupit või agaavi, kui olete vegan
- 1-2 tl riivitud sidrunikoort
- ¼ tassi värsket sidrunimahla, umbes 2 sidruni mahl
- 1 supilusikatäis oliiviõli
- ½ tl meresoola
- ¼ tl värskelt jahvatatud musta pipart
- 3 küüslauguküünt, hakitud
- 1 kilo eriti tugevat tofut, nõrutatud ja pressitud
- rohelised salatid ja värsked köögiviljad

JUHISED:

a) Sega väikeses kausis kõik koostisosad peale tofu. Lõika tofu risti 6 viiluks. Aseta tofuviilud marinaadiga anumasse ja lase seista vähemalt tund.
b) Valmistage grill ette.
c) Eemaldage tofuviilud marinaadist, jättes kindlasti anumasse juurdepääsu marinaadi.
d) Aseta tofuviilud küpsetusspreiga kaetud grillrestile; grillida 3-5 minutit mõlemalt poolt.
e) Serveeri tofut roheliste ja muude köögiviljade peenral. Nirista tofule ekstra marinaadi, et seda kastmena kasutada ja serveeri.

93.Grillitud tofu ja köögivilja kinoa salat

KOOSTISOSAD:
- 1 plokk kõva tofu, pressitud ja viilutatud
- 2 paprikat (punane ja kollane), viilutatud
- 1 suvikõrvits, viilutatud
- 1 tass kirsstomateid
- 1 tass keedetud kinoat
- Segatud salatiroheline
- 2 spl oliiviõli
- Sool ja pipar maitse järgi
- Sidruni-tahini kaste

JUHISED:
a) Eelkuumuta grill keskmisele-kõrgele kuumusele. Pintselda tofuviilud, paprikad, suvikõrvits ja kirsstomatid oliiviõliga. Maitsesta soola ja pipraga.
b) Grilli tofuviile ja köögivilju 3-4 minutit mõlemalt poolt või kuni grillimisjäljed ilmuvad ja köögiviljad on pehmed.
c) Sega suures kausis keedetud kinoa ja segatud salatirohelised.
d) Kõige peale pane grillitud tofuviilud ja köögiviljad.
e) Enne serveerimist nirista peale sidruni-tahini kaste.

94. Portobello seene ja halloumi salat

KOOSTISOSAD:
- 4 portobello seenekübarat
- 1 plokk halloumi juustu, viilutatud
- 4 tassi rukolat
- 1/4 tassi päikesekuivatatud tomateid, tükeldatud
- 1/4 tassi röstitud seedermänni pähkleid
- Balsamico glasuur, niristamiseks
- Sool ja pipar maitse järgi

JUHISED:
a) Eelkuumuta grill keskmisele-kõrgele kuumusele. Pintselda portobello seenekübarad ja halloumi juustuviilud oliiviõliga. Maitsesta soola ja pipraga.
b) Grilli portobello seenekübaraid ja halloumi juustu viile 3-4 minutit mõlemalt poolt või kuni grillijäljed ilmuvad ja seened on pehmed.
c) Laota rukola serveerimisvaagnale. Kõige peale pane grillitud portobello seenekübarad ja halloumi juustu viilud.
d) Puista peale hakitud päikesekuivatatud tomatid ja röstitud seedermänniseemned.
e) Enne serveerimist nirista peale balsamico glasuur.

95.Grillitud köögiviljade ja kuskussi salat koos Tofu

KOOSTISOSAD:
- 1 plokk kõva tofu, pressitud ja viilutatud
- Erinevad köögiviljad (nt paprika, baklažaan, suvikõrvits), viilutatud
- 1 tass keedetud kuskussi
- Segatud salatiroheline
- 2 spl oliiviõli
- 2 spl palsamiäädikat
- 1 küüslauguküüs, hakitud
- Sool ja pipar maitse järgi

JUHISED:
a) Eelkuumuta grill keskmisele-kõrgele kuumusele. Pintselda tofuviilud ja köögiviljade assortii oliiviõliga. Maitsesta soola ja pipraga.
b) Grilli tofuviile ja köögivilju 3-4 minutit mõlemalt poolt või kuni grillimisjäljed ilmuvad ja köögiviljad on pehmed.
c) Sega suures kausis keedetud kuskuss ja segatud salatiroheline.
d) Kõige peale pane grillitud tofuviilud ja köögiviljad.
e) Kastme valmistamiseks vispelda väikeses kausis oliiviõli, palsamiäädikas, hakitud küüslauk, sool ja pipar. Enne serveerimist nirista salatile.

96.Grillitud tofu ja avokaado salat

KOOSTISOSAD:
- 1 plokk kõva tofu, pressitud ja viilutatud
- 2 avokaadot, viilutatud
- 4 tassi segatud salatirohelist
- 1/4 tassi viilutatud mandleid, röstitud
- 2 supilusikatäit hakitud värsket koriandrit
- 1 apelsini mahl
- 1 laimi mahl
- 2 spl oliiviõli
- 1 tl mett
- Sool ja pipar maitse järgi

JUHISED:
a) Eelkuumuta grill keskmisele-kõrgele kuumusele. Pintselda tofuviilud oliiviõliga. Maitsesta soola ja pipraga.
b) Grilli tofuviile 3-4 minutit mõlemalt poolt või kuni grillijäljed ilmuvad ja tofu on läbi kuumenenud.
c) Laota serveerimisvaagnale segatud salatirohelised. Kõige peale tõsta grillitud tofuviilud ja viilutatud avokaadod.
d) Puista peale röstitud viilutatud mandleid ja hakitud värsket koriandrit.
e) Kastme valmistamiseks vispelda väikeses kausis apelsinimahl, laimimahl, oliiviõli, mesi, sool ja pipar. Enne serveerimist nirista salatile.

97. Köögivilja ja tofu salat Miso kastmega

KOOSTISOSAD:
- 1 plokk kõva tofu, pressitud ja viilutatud
- Erinevad köögiviljad (nt paprika, baklažaan, seened), viilutatud
- 4 tassi segatud salatirohelist
- 2 spl seesamiõli
- Sool ja pipar maitse järgi

MISO RIIDETUD:
- 2 spl valget misopastat
- 2 spl riisiäädikat
- 1 spl sojakastet
- 1 spl mett
- 1 spl seesamiõli
- 1 küüslauguküüs, hakitud
- Vesi, vastavalt vajadusele

JUHISED:
a) Eelkuumuta grill keskmisele-kõrgele kuumusele. Pintselda tofuviilud ja köögiviljade assortii seesamiõliga. Maitsesta soola ja pipraga.
b) Grilli tofuviile ja köögivilju 3-4 minutit mõlemalt poolt või kuni grillimisjäljed ilmuvad ja köögiviljad on pehmed.
c) Laota serveerimisvaagnale segatud salatirohelised. Kõige peale pane grillitud tofuviilud ja köögiviljad.
d) Misokastme valmistamiseks vispelda väikeses kausis kokku valge misopasta, riisiäädikas, sojakaste, mesi, seesamiõli ja hakitud küüslauk. Vajadusel lahjendage veega, et saavutada soovitud konsistents. Enne serveerimist nirista salatile.

98.Grillitud Halloumi ja arbuusi salat

KOOSTISOSAD:
- 1 plokk halloumi juustu, viilutatud
- 4 tassi kuubikuteks lõigatud arbuusi
- 4 tassi rukolat
- 1/4 tassi värskeid piparmündi lehti, hakitud
- 2 spl oliiviõli
- 1 laimi mahl
- Sool ja pipar maitse järgi

JUHISED:
a) Eelkuumuta grill keskmisele-kõrgele kuumusele. Grilli halloumi juustu viile 2-3 minutit mõlemalt poolt või kuni grillimisjäljed ilmuvad.
b) Sega suures kausis kuubikuteks lõigatud arbuus, rukola ja hakitud värsked piparmündilehed.
c) Nirista peale oliiviõli ja laimimahla. Maitsesta soola ja pipraga ning sega ühtlaseks.
d) Enne serveerimist laota salatile grillitud halloumi juustuviilud.

99.Grillitud tofu ja suvine köögiviljasalat

KOOSTISOSAD:
- 1 plokk kõva tofu, pressitud ja viilutatud
- Erinevad suvised köögiviljad (nt kirsstomatid, mais, paprika), poolitatud või viilutatud
- 4 tassi segatud salatirohelist
- 1/4 tassi värskeid basiiliku lehti, hakitud
- 2 spl palsamiäädikat
- 1/4 tassi oliiviõli
- Sool ja pipar maitse järgi

JUHISED:
a) Eelkuumuta grill keskmisele-kõrgele kuumusele. Pintselda tofuviilud ja suvised köögiviljad oliiviõliga. Maitsesta soola ja pipraga.
b) Grilli tofuviile ja köögivilju 3-4 minutit mõlemalt poolt või kuni grillimisjäljed ilmuvad ja köögiviljad on pehmed.
c) Sega suures kausis segatud salatirohelised ja hakitud värsked basiilikulehed.
d) Nirista üle palsamiäädika ja oliiviõliga. Maitsesta soola ja pipraga ning sega ühtlaseks.
e) Enne serveerimist aseta salatile grillitud tofuviilud ja suvised juurviljad.

100.Grillitud köögivilja- ja kitsejuustu salat

KOOSTISOSAD:

- Erinevad köögiviljad (nt suvikõrvits, baklažaan, kirsstomatid), viilutatud
- 4 untsi kitsejuustu, purustatud
- 4 tassi segatud salatirohelist
- 2 spl oliiviõli
- Balsamico glasuur, niristamiseks
- Sool ja pipar maitse järgi

JUHISED:
a) Eelkuumuta grill keskmisele-kõrgele kuumusele. Pintselda köögivilju oliiviõliga. Maitsesta soola ja pipraga.
b) Grilli köögivilju 3-4 minutit mõlemalt poolt või kuni grillijäljed ilmuvad ja köögiviljad on pehmed.
c) Sega suures kausis segatud salatirohelised ja grillitud köögiviljad.
d) Enne serveerimist raputa peale murendatud kitsejuust ja nirista peale balsamico glasuuri.

KOKKUVÕTE

" Ülimatsed Grillsalatid " on murranguline teos, mis määratleb uuesti grillimise piirid ja seab proovile meie arusaama sellest, millised salatid võivad olla. See on maitse tähistamine, tule väe tunnistus ning austusavaldus roheliste ja köögiviljade ilule nende lugematul kujul. Tänu uuenduslikele retseptidele, üksikasjalikele juhistele ja grillitud roheliste kirglikule propageerimisele kutsub see raamat lugejaid oma grillid põlema ja asuma kulinaarsele seiklusele, mis tõotab muuta nende lähenemist salatite valmistamisele.

Nendel lehtedel leiduvate tehnikate ja retseptide omaksvõtmine mitte ainult ei laienda inimese kulinaarset repertuaari, vaid tõstab ka lugupidamist hästi grillitud salati lihtsate, kuid sügavate naudingute vastu.

Lõppkokkuvõttes on " Ülimatsed Grillsalatid " midagi enamat kui kokaraamat – see on värav maailma, kus rohelised on kesksel kohal, tõestades, et vähese loovuse ja muutliku tule puudutusega võivad salatid olla tõesti ülim roog.

www.ingramcontent.com/pod-product-compliance
Lightning Source LLC
Chambersburg PA
CBHW071849110526
44591CB00011B/1352